誰でも成功する授業ルールの指導

授業態度、集中のしかた
話し方、聞き方など…

加藤辰雄 著

学陽書房

まえがき

1997年、新聞やテレビの報道により「学級崩壊」という言葉が広まり、子どもたちが勝手におしゃべりをしたり、席を離れて立ち歩いたりして授業が成立しない状態がたくさんあることが知られるようになった。そして、教師に言われたことはしっかり守れると考えられていた小学1年生の学級までもが、学級崩壊をする事態になってしまった。

ひと昔前の子どもたちは、勉強が嫌いでもじっとがまんして席に着いていて、勝手におしゃべりをしなかった。おしゃべりをしたとしても、教師が「静かにしなさい」と注意すれば、すぐ静かになった。

したがって、「席を立ち歩かない」「勝手におしゃべりをしない」などの授業ルールが子どもたちに守られていたので、一斉授業ができていた。

しかし、いまの子どもたちは基本的な授業ルールをなかなか守れなくなってきている。説明するだけの一方的な授業を続けていたら、授業は成立しなくなってしまう。子どもたちには、教師の説明をだまってじっと聞くだけの忍耐力がないからである。

では、どうしたらよいのだろうか。方法は2つある。1つは、授業スタイルをいろいろと工夫することである。教え込む授業ばかりではなく、子どもたちに思考活動をさせる授業、授業への積極的な参加を引き出す授業、多様な学習形態を取り入れた授業などを開発することである。

もう1つは、基本的な授業ルールをしっかりと身につけさせることである。授業ルールには、簡単なものからむずかしいものまで様々あるが、これらを一つひとつていねいに教え、子どもたちに身につけさせていくことが大切である。小学校低学年で教え、身につけさせたはずの授業ルールが守れていなかったら、中学年や高学年でも原点に立ち戻って、教え直しをすることが大切である。

ところで、授業を成立させるためには、次の3つが大切である。

●すぐれた教材をしっかり研究してあること
●授業展開の過程が、子どものわかる筋道にのっとっていること
●授業の受け方・学び方の指導が適切であること

これまで授業の受け方・学び方の指導は、あまり注目されてこなかったが、授業が成立しない状況が生まれてからは、欠かすことができないものになった。

そこで、授業の受け方・学び方の指導の中から、「授業ルールの指導」に焦点を当てて、具体的にわかりやすく書いてみた。前半の部分では、授業ルールの指導をするうえにおいて押さえておかなければいけないことを解説している。後半の部分では、集中に関するルール、話し方に関するルール、聞き方に関するルールなど具体的な授業ルールとその指導について解説している。

ところで、本書は読者のみなさんが読みやすくわかりやすいようにイラストで説明するようにしてみた。本書を読まれた方々が、ここに書いてあることを参考にして、「授業ルールの指導」をうまく行い、子どもたちの瞳がきらきら輝くことを願っている。

また、拙著『誰でも成功する板書のしかた・ノート指導』『誰でも成功する発問のしかた』『誰でも成功する授業での説明・指示のしかた』もあわせて読んでいただき、子どもたちがよくわかる授業をつくりだしてもらえれば幸いである。

最後になったが、本書を書くにあたっては、学陽書房の後藤優幸さんにたいへんお世話になった。また、鈴木ほたるさんにはすてきなイラストを描いていただいた。あらためてお礼を申し上げる。

2010年3月1日

加藤　辰雄

もくじ

授業ルールがなぜ必要なのか

どんな授業ルールが必要なのか

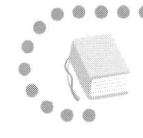

授業ルールが
なぜ必要なのか

1

授業づくりのステップ

1

子どもの学習意欲を育てる段階

学習が子どもたちの楽しみになるようにする

授業づくりの最初の段階では、子どもたちに学習意欲をもたせることが大切である。子どもたちは、自分のわからないことを学ぶために学校で授業を受けているはずなのに、いつのまにか授業に何も求めなくなってきた。学ぶ権利を放棄してしまっている傾向がある。

このようなときこそ、子どもたちに学習する意欲を育て、学習が子どもたち自身のものになるような指導、学習が子どもたちの楽しみになるような指導をすることが大切である。

学習意欲を育てるポイント

そのために次のようなことに気をつけて授業を展開する。

- それぞれの教科を学ぶことの意味とその教科の魅力、学習の発展の見通しをわかりやすく説明する。
- 子どもたちに興味・関心をもたせる授業をする。
　たとえば、子どもたちに実物を見せたり、子どもたちの知らない世界を見せたりする。
- 子どもたちによくわかる授業にする。
　たとえば、具体例を入れたり、身近なものにたとえたり、実演したり、子どもたちの知識を関係づけたりする。
- 「わからないことは恥ずかしいことではない」「教室はまちがうところだ」という雰囲気づくりに努力し、子どもたちが安心して気軽に発言できるようにする。
- 教師は子どもの発言に対しては、受容的に接するようにする。

学習が子どもたちの楽しみになるようにする

学習意欲を育てるポイント

教科の魅力、学習の発展の見通しを説明する

興味・関心をもたせる

よくわかる授業にする

まちがえても恥ずかしくない雰囲気をつくる

子どもの発言を受容的に聞く

うなずいて聞く

2 子どもが主体的に学ぶ段階

思考活動させる授業にする

子どもが主体的に学ぶ授業にするには、教師が説明するだけの教え込む授業ではいけない。発問する授業で、子どもたちに思考活動をさせることが大切である。たとえば、国語の学習で教師が「様子を表す言葉は、言い切りの形にすると〈強い〉〈高い〉〈長い〉〈暗い〉など、みんな〈い〉がつきます」と一方的に教え込むよりも、「様子を表す言葉が黒板にたくさん書いてあります。気づいたことはありませんか？」と問いかけたほうが、思考活動をさせることができ、主体的に学ばせることができる。

多様な学習方法、学習形態を体験させる

また、子どもたちに主体的に学ばせるには、多様な学習方法に気づかせることも大切である。たとえば、自動車のできるまでを学習するときに、教科書ばかりでなく、図書館やインターネットを活用して調べたり、工場見学をして調べたりする方法を体験させる。

また、多様な学習形態を体験させることも大切である。教師が説明することが中心の授業では、子どもたちは一斉にしっかり聞くという学習形態になりがちである。これでは、子どもたちが主体的に学ぶ授業にはなりにくい。

そこで、個別学習、グループ学習、全体学習といろいろな学習形態を体験させるようにする。このようにすることによって、学び方に変化が生まれ、子どもたちは主体的に学ぼうとするようになる。

思考活動させる授業にする

☒ 教え込み授業

◎ 発問する授業

多様な学習方法、学習形態を体験させる

多様な学習方法

教科書で学習する

インターネットや図書室で調べる

体験学習

多様な学習形態

個別学習

グループ学習

全体学習

3 子どもが学び合い、共に高めあう段階

学習グループで教え合いをする

授業で子どもたちが学び合いをするためには、学習グループで教え合いをするとよい。たとえば、算数の問題で解き方がわからず悩んでいる子がいたら、学習グループの中で解き方をわかりやすく説明するようにさせる。

そのとき、答えは絶対に教えず、解き方や方法をていねいに教え、つまずいている子が自分で答えにたどりつくようにさせる。教える子は、友だちに教えることでいっそう理解が深まり、自信にもつながる。

学級全体で学び合い、高め合う

この学び合いは、学習グループの中だけにとどめないで、学級全体で学び合い、高め合うようにすることも大切である。たとえば、「その明くる日も、ごんはくりを持って兵十のうちへ出かけたのは、なぜですか？」という発問に対して、まず学習グループで話し合い、次に学習グループで出てきた考えを発表し合って、読み取りを深めていくようにする。はじめは、「ごんは兵十にあやまりたかったから」「仲良くなりたいから」という意見だったのが、話し合いによって「自分と同じ境遇の兵十に共感し、愛されたいと思ったから」という読み取りに変わっていく。このように学び合いには、次のようなよさがある。

- 学習グループや学級全体でいろいろな考えを交換することで、新しいものが生まれる。
- 自分1人では学べないことが学べ、みんなで学ぶことのすばらしさを発見することができる。

学習グループで教え合いをする

学級全体で学び合い、高め合う

学習グループでの話し合い　　学級全体での話し合い

2

こんなとき
授業が成立しない

1

勝手なおしゃべり、むだ口が多い

学習が苦手な子がおしゃべりをする

学習が苦手な子は、自己否定感が強く、学習課題が少しでもわからなくなると、課題解決に向けて取り組むことをすぐあきらめてしまうことが多い。

このとき、教師がやさしい発問をして学習が苦手な子が答えられるようにしなかったり、ヒントを与えて課題解決に取り組むようにしなかったりすると、学習が苦手な子は遊び出す。そして、周りの子どもたちに話しかけて、おしゃべりが始まる。「静かにしなさい」と教師が注意しても、その時は静かになるが、またおしゃべりが始まる。

このように、おしゃべりが多い状態では子どもたちは授業に集中できなくなり、授業が成立しなくなってしまう。

学習内容に興味・関心がない子がおしゃべりをする

興味・関心をもてない授業内容のときには、教師の説明をしっかり聞こうとせず、発問に対しても答えようとしない子どもがいる。こうした子どもは、授業中に静かにしていることがなく、周りの子どもに話しかけて勝手におしゃべりを始める。

最初は小さな声のおしゃべりであるが、そのおしゃべりを聞いた子どもたちが、まねをしておしゃべりを始め、学級全体がさわがしい状態になってしまう。

そのつど教師は「静かにしなさい」と注意するが、しばらくするとまた、おしゃべりが始まる。このように、おしゃべりが多い状態が続くと授業は成立しなくなってしまう。

学習が苦手な子がおしゃべりをする

学習内容に興味・関心がない子がおしゃべりをする

2

教師への口答え、立ち歩きが多い

教師への口答えが多い

子どもを理解するためには、子どもの話をじっくり聞くことが重要である。しかし、じっくり話を聞いてもらうことが少なかった子どもは、自分が認められているという安心感をもっていない。

そのため、心の中に他者を受け入れる余裕がなく、教師の話に耳を傾けようとしない。授業中に教師が「板書をノートに写しなさい」と指示しても、「めんどくさい。書きたくない」と口答えをする。さらに、教師が「どうしてめんどくさいのかな？」とたずねても、「うるせえなあ」とさらに口答えをする。

このような子どもが1人だけのうちはまだよいが、まねをしてどんどん増えてくると、授業は成立しなくなる。

席の立ち歩きが多い

授業中に教師の許可を得ずに、勝手に席を立ちふらふらと歩き回る子どもが出てくると、授業が成立しなくなる。

教師は立ち歩く子どもに対して、はじめは「席にすわりなさい」と注意する。指示に従って、子どもが席に着く場合はよいのだが、指示に従わない場合は、力づくでも席に着かせようとする。そのため、授業が一時中断する事態になる。

こうしたことが何度も繰り返されると、教師は根負けしてしまい、席を立ち歩く子どもを放っておいて授業を進めることになる。これを見て、他の子どもたちもまねをして、立ち歩きはじめると、授業は全く成立しないという事態に陥ってしまう。

教師への口答えが多い

席の立ち歩きが多い

3 小さないたずらが多い

授業中にいたずらをする

学級の中に小さないたずらが横行するようになると、学級全体に落ち着きがなくなり、じっくりと考えたり、まじめに授業を受けたりする雰囲気がなくなってしまう。

授業中に友だちの学習用具を勝手に使ったり、隠したりして、友だちが困っているのを見ておもしろがる。友だちの教科書や学習ノートに落書きしておもしろがる。机やメモ用紙に相合い傘の絵と男女の名前を書き冷やかしておもしろがる。

このような小さないたずらが見過ごされ、放置されると、子どもたちのいたずらはエスカレートし、授業が成立しなくなる。

授業時間以外でもいたずらをする

小さないたずらは、授業中だけではない。休み時間に友だちの筆箱や上ぐつをキャッチボールのように投げ合って、友だちを困らせておもしろがる。給食時間に友だちが牛乳を飲んでいるときに、わざと笑わせて飲めないようにする。そうじ時間にそうじ道具を隠して、みんなを困らせておもしろがる。

いたずらは、軽いのりで人の迷惑になるような悪ふざけをすることである。そして、友だちが迷惑がっていたり、困っていたりする姿を見ておもしろがり、相手の気持ちを考えない行為である。

このように、授業以外の場所でも相手の気持ちを考えない小さないたずらが横行すると、このいたずらは必ず授業にも持ち込まれる。そして、授業が遊び気分になり、集中してまじめに授業を受けなくなってしまう。

授業中にいたずらをする

友だちの学習用具を
勝手に使う
友だちの教科書や学習
ノートに落書きする
机やメモ用紙に
相合い傘の絵と
男女の名前を書く

授業時間以外でもいたずらをする

休み時間

友だちの筆箱で
キャッチボール
する

給食時間

ビロ〜〜ン
ベロベロ〜

牛乳を飲んで
いるときに、
わざと笑わせる

そうじ時間

ほうきが
ないよ

そうじ道具を隠す

4 授業中にばか笑い、嘲笑が多い

ばか笑いで授業が中断する

多くの子どもたちが授業にまじめに取り組んでいるときに、授業を受けたくない子どもたちが、わざとばか笑いをして授業の進行を止めることがある。たとえば、上皿てんびんで消しゴムの重さを量っているとき、自分勝手に上皿てんびんで遊びだして、ばか笑いをする。あるいは、教科書やノートに落書きをし、それを見せ合ってばか笑いをする。

子どもたちがばか笑いをするたびに教師は注意をすることになり、授業が中断することになる。他の子どもたちは授業への集中力がなくなり、だらけた授業になってしまう。

嘲笑で気軽に発言できなくなる

教師は子どもたちが意欲的に学習を進めることができるように、一人ひとりの子どもの考えを引き出し、発表させようとする。うまく正解に近づけない子どもに対してはヒントを出して、考えさせようとする。

このように教師が努力しているにもかかわらず、学級の中に嘲笑が多いと、ばかにされるのをいやがり誰もが気軽に発言できなくなってしまう。安心して発言できない雰囲気ができてしまうと、みんなでつくり出す授業は成立しなくなってしまう。

たとえば、「モンシロチョウの足は何本ですか？」という発問に対して、「2本です」と答えた子どもに対して、一斉に嘲笑が起こる。嘲笑ばかりではなく「そんなことも知らないのか」という相手を見下した言葉が出るときもある。答えた子どもは、二度と答えようとはしなくなる。

ばか笑いで授業が中断する

嘲笑で気軽に発言できなくなる

5

教師の発問に無反応、無表情である

発問に対して答えようとしない

教師は、授業で学習内容を子どもたちに説明したり、発問したりして理解させようとする。とくに、発問は授業の中で子どもたちに学習内容を理解させるためにたいへん重要なものである。それは、教師の問いによって、子どもたちから学習意欲を引き出したり、思考力を育てたりするからである。

ところが、教師が発問しているのに、子どもたちは何も答えようとしない事態が生まれたら、授業は展開していかなくなる。たとえば、かつおの1本づりの写真を見せて、「気づいたことはありませんか？」と教師が発問しても、誰も発言しようとしないのである。

発言して目立つことをいやがる

学級の中にしらけた雰囲気が出てきてしまうと、教師の発問に対して発言しようとする子どもがいても、なかなか発言しにくくなる。とくに、高学年ほどこの傾向が強い。高学年になると、まわりの目を気にして、同調したり、軽いのりで会話したりして人間関係をつくろうとする。1人の子どもが「あの子ムカつく」と言うと、同調者がどんどん出てきて、「チョームカつく」と連発し合う。それは、「ムカつく」という言葉を言う側に入っておかないと、今度は自分が標的にされる恐れがあるからである。

したがって、授業でも自分だけが発言して目立つと、かげ口を言われたり無視されたりしないか心配になり、発問に対して無反応、無表情という事態が生まれ、授業が成立しなくなる。

発問に対して答えようとしない

発言して目立つことをいやがる

6 仕事をする子、しない子が分離している

当番活動で仕事をする子、しない子がいる

学級の中には、そうじ当番や給食当番など毎日やらなければいけない仕事がある。これらの仕事は、決まった時間内にてきぱきと行わなければならない。給食当番の仕事は身支度から始まるが、遊んでいて当番の子ども全員がなかなかそろわない。配膳の仕事では、のんびりと仕事をして、配膳時間がかかりすぎてしまう。

また、そうじ当番の仕事は、グループごとにそうじ場所が決まっていて、なかなか教師の目が行き届かない。そのため、そうじをやる子とそうじをサボる子に分離してしまう。サボることが常習化してしまうと、そうじを押しつけられた子たちには不満が蓄積し、子どもたちの人間関係が気まずいものになる。このことが授業の中にもちこまれる。

係活動で仕事をする子、しない子がいる

係活動にも同様なことがある。係は子どもたちが今までに経験した係の中でよかった係を出し合って決めることが一般的である。そして、子どもたちの希望を聞き、所属を決める。係を決めた当初は、どの子もがんばって仕事をする。しかし、しばらくするとこつこつとまじめに仕事をする子とサボる子に分離してしまう。サボることが常習化してしまうと、係の仕事を押しつけられた子たちには不満が蓄積し、子どもたちの人間関係が気まずいものになる。

さらに、まじめに仕事をしていた子たちも仕事をやらなくなり開店休業の状態になることもある。このようになると、授業でもまじめに取り組む姿勢がなくなってしまう。

当番活動で仕事をする子、しない子がいる

給食の身支度をてきぱきとしない

そうじをサボる

係活動で仕事をする子、しない子がいる

学級文庫の整とん

掲示物のはりかえ

7

いじめが多い

いじめがあっても発見できない

いじめは、なかなか見つけにくいのが特徴である。子どもたちの中に「先生、相談があるんだけれど……」と言ってくれる子どもがいると、いじめを発見することができる。しかし、いじめられている子どもも、いじめを見ている子どもも教師に相談しに来ないことが多い。

こうした状態が解消できない学級では、いつも不安な気持ちになり、今度はいつ自分がいじめられるかわからないので、安心して授業で発言することができない。

いじめ問題への正しい理解がない

いじめがなくならない原因の1つに、教師のいじめに対する理解のしかたがある。1つ目は、子どもたちが悪ふざけをしている姿を見て、教師が「これくらいは、いじめとは言わない」と判断することである。このように判断するといじめは発見されないので、いじめられた子どもの心は傷つく。

2つ目は、「いじめている子どもも悪いが、いじめられている子どもにも問題がある」というとらえ方である。いじめが起きても、けんか両成敗となり、いじめ問題が解決されず、いじめられた子どもの心は傷つく。

また、いじめを見て見ぬふりをしている傍観者も、いじめの加害者であることを子どもたちに繰り返し語りかけないと、いじめは発見されず、解決もされないことになる。

このように、いじめが発見されず、しっかり解決もされない状態が続くと、安心して学級生活を送ることができなくなり、授業も安心して受けることができなくなってしまう。

いじめがあっても発見できない

いじめ問題への正しい理解がない

8

教室内が散らかっている

教室の雰囲気が雑然としている

教室内の雰囲気は、学習するうえでとても大切である。授業が成立しない学級では、必ず教室の雰囲気が次のように雑然としている。

- ロッカーの中のものが飛び出していたり、落ちていたりして整理整とんされていない。
- ロッカーの上に展示してあるものが整とんされていない。
- 教室備品や学習用教具がきちんと整とんされていない。
- 教室のあちらこちらにごみが落ちている。
- 学級文庫の図書、資料が整とんされていない。
- 黒板がきれいに掃除されていない。

こうした雑然とした雰囲気の中では、安心感をもち落ち着いて学習することができない。この状態が常態化すると、授業は成立しなくなる。

教室掲示が雑然としている

教室掲示が雑然としている学級も、学習する環境に欠けている。子どもたちの絵や習字が長い間、掲示されたままだったり、画びょうがはずれて掲示物が傾いていてもそのままになっていたりする。

また、子どもたちの作品が掲示されずに、子どもたちの活動の経過がわからない状態になっている。さらに、掲示物にいたずら書きをしたり、破いたり、画びょうを差したりする。

このように教室の掲示物が雑然としていると、子どもたちの心は安定せず、授業への集中力もなくなり、やがて授業が成立しなくなる。

教室の雰囲気が雑然としている

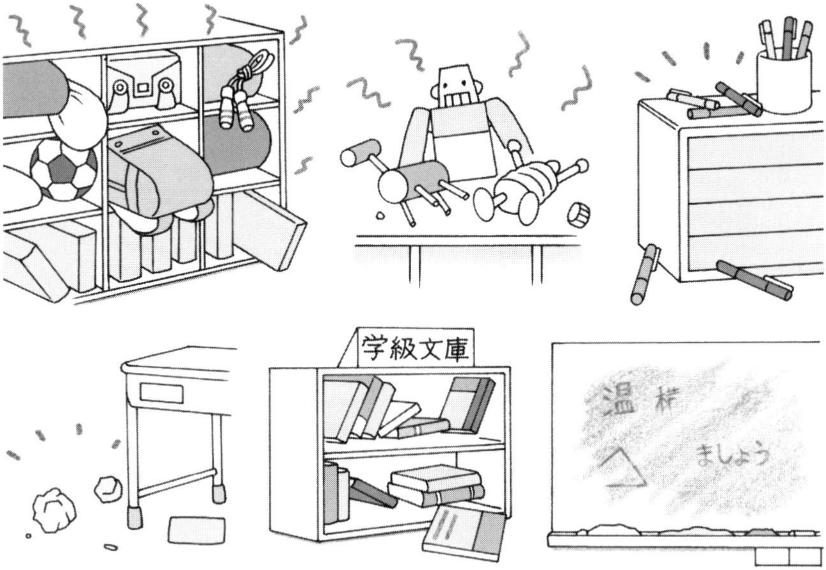
学級文庫
ましょう

教室掲示が雑然としている

画びょうがはずれている

大
大
大
大
大
大

壁面に作品を掲示しない

こないだの習字は
どうしたんだろう？

掲示物が破いてある

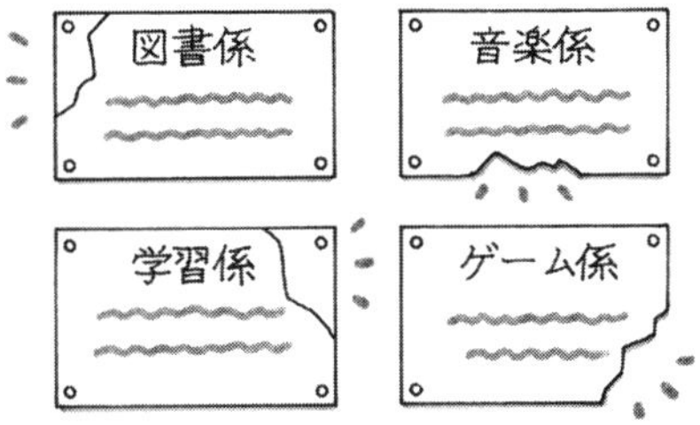
図書係
音楽係
学習係
ゲーム係

画びょうを差して穴をあける

楽しかった運動会

物の扱いが乱雑である

自分の学習用具を乱雑に扱う

授業を受けるときには、教科書・学習ノート・筆記用具などいろいろな学習用具を使う。これらの扱いが乱雑な子どもが多い学級は、落ち着いた雰囲気がなくなる。

学習ノートを平気で破いて、落書きしたり、紙飛行機にして飛ばしたりする。教科書の余白に落書きをする。消しゴムをいくつにも切り分ける。筆箱をすぐにこわしてしまい、新しいものに取り換える。

このように、自分の学習用具を乱雑に扱い、物を大切に扱えない子どもが多くなると、落ち着いた雰囲気で授業ができなくなる。

学級のみんなが使う物を乱雑に扱う

自分の持ち物だけでなく、学級のみんなが使う教具を乱雑に扱うようになると、ますます授業が成立しなくなってくる。

算数、理科、音楽など教具を多く使う授業で、教具を正しく大切に扱わないと、その取り扱いで注意することが多くなり、授業展開が計画通りいかなくなる。

また、授業で使う教具ばかりでなく、学級のみんなが使う学級文庫の図書や係活動で使うカラーペン、画用紙などの物品、そうじ道具などの取り扱いも乱雑になる。

このように、物の取り扱いが乱雑になってくると、子どもたちの心は安定感を欠き、落ち着きがなくなってきて、授業が成立しにくくなってくる。

自分の学習用具を乱雑に扱う

学習ノートを
破る

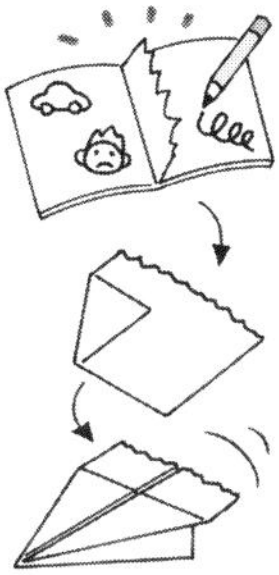

教科書に
落書きする

消しゴムを
切り分ける

筆箱を
すぐこわす

学級のみんなが使う物を乱雑に扱う

教具を乱雑に扱う

顕微鏡のレンズをはずして
遊んではいけません！
コロ
コロ

学級文庫を乱雑に扱う

学級文庫
ゴチャ
ゴチャ

物品を乱雑に扱う

ポイ

そうじ道具を乱雑に扱う

3

授業を成立させる条件とは何か

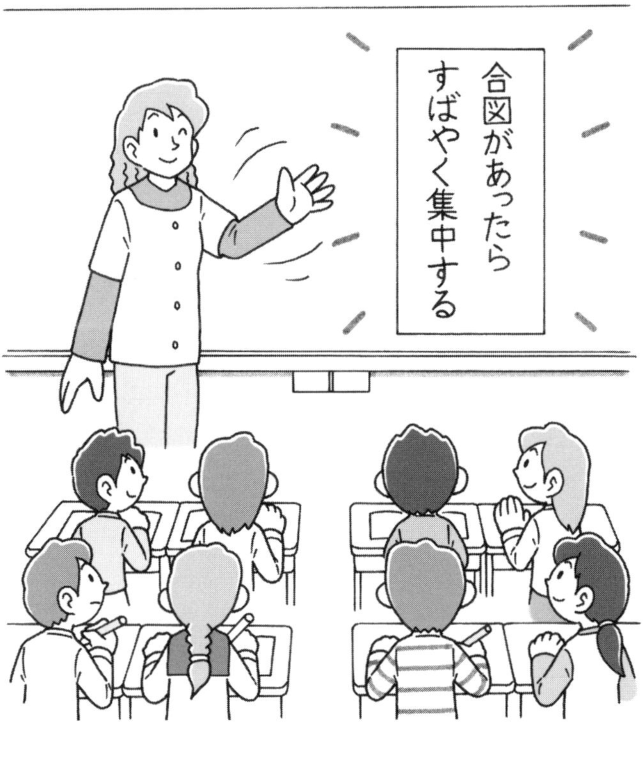
合図があったら
すばやく集中する

1

すぐれた教材をしっかり研究してある

魅力ある授業づくりで学習に集中させる

子どもたちが授業に集中し、意欲的に学習するようにするには教材が魅力的であり、教え方がよくなければいけない。教材がつまらなく、教え方もよくなければ、授業は楽しくないので、おしゃべりや小さないたずらなどが始まる。そうなると、「静かにしなさい」などと注意することになり、楽しい授業にはならなくなってしまう。

学習態度を指導する前に、まずは魅力ある授業づくりによって学習に集中させることが大切である。

教材内容で子どもを引きつける

魅力ある授業にするには、教材内容がすぐれていることが重要である。教材内容がすぐれていれば、それだけで子どもたちを引きつけることができるからである。

たとえば、社会科で年々人口が増えていることがわかるグラフとそれにともないごみの量が減っているグラフを見せ、一見すると矛盾していると思われる事実を提示し、その理由を考えさせる。理由を見つけるために、学習グループや学級全体で話し合いながら解決にせまっていく。

このような集団による学び合いができるのは、教材内容がすぐれていて、子どもたちを学習に引きつけることができるからである。

また、すぐれた教材をしっかり研究することも大切である。先の例で言えば、まずは人口やごみの量のグラフの読み取らせ方を押さえる。「タイトル」「出典」「年度」「横軸」「たて軸」の5項目を読み取らせるのである。次に、2つのグラフの矛盾に気づかせるにはどうするかを考える。

魅力ある授業づくりで学習に集中させる

☒ 教材に魅力がない

◎ 教材に魅力がある

教材内容で子どもを引きつける

2

授業展開の過程が子どものわかる筋道にのっとっている

★…… 授業の綿密な指導計画を立てる ……★

授業を基本的に規定するものは教材である。それならば、教材がよければ授業は必ずうまくいくかと言えば、そうではない。教師の正しい教材解釈と、それにふさわしい授業展開がなければ、どんなよい教材でもそのよさは発揮されない。

どんなに情熱をこめて授業に臨んでも、それを展開するにあたって、教師に授業展開についての綿密な指導計画がなければうまくいかないのである。たとえば、導入時は興味・関心をもたせ、学習課題がわかる発問をする。展開時は主要な発問と助言をセットで考えておき、子どもたちが自らの力で正答に近づけるようにする。終末時は学習のまとめや自己評価を意識した発問をして締めくくる。

★…… 指導過程が子どものわかる筋道にのっとっている ……★

ところで、授業展開についての指導計画を立てる際に最も大切なことは、その指導過程が子どものわかる筋道にのっとっているということである。いくら綿密な指導計画を立てても、それが子どものわかる筋道からはずれたものであるならば、なんにもならない。

たとえば、算数「等しい分数」では、最初に等しい分数のつくり方について考える。次に$\frac{6}{12}$に等しい分数、$\frac{3}{6}$、$\frac{2}{4}$、$\frac{1}{2}$のつくり方を考える。最後に、等しい分数のつくり方とその性質について、$\frac{\triangle}{\square}=\frac{\triangle\times\bigcirc}{\square\times\bigcirc}$、$\frac{\triangle}{\square}=\frac{\triangle\div\bigcirc}{\square\div\bigcirc}$というように記号化してまとめる。

このように具体的な作業を通して、等しい分数のつくり方をわからせ、最後に記号化して、等しい分数の性質をまとめるとわかりやすい。

授業の綿密な指導計画を立てる

導入時　展開時　終末時

$\frac{3}{5}\div\frac{2}{3}$ の計算の仕方を考えてみよう
$\frac{3}{5}\div\frac{2}{3}$
わる数を1にする方法を考えてみよう
$\frac{3}{5}\div\frac{2}{3}$
$\frac{3}{5}\times\frac{3}{2}\div\frac{2}{3}\times\frac{3}{2}$
なぜ$\frac{3}{2}$をかけるかわかったよ

学習課題を提示する

子どもたちの力で正答に近づく

学習のまとめをする

指導過程が子どものわかる筋道にのっとっている

等しい分数をつくってみよう
$\frac{6}{12}$に等しい分数$\frac{3}{6}$、$\frac{2}{4}$、$\frac{1}{2}$のつくり方を考えてみよう
$\frac{\triangle}{\square}=\frac{\triangle\times\bigcirc}{\square\times\bigcirc}$
$\frac{\triangle}{\square}=\frac{\triangle\div\bigcirc}{\square\div\bigcirc}$
にまとめられます

3

授業の受け方、学び方の指導が適切である

★…子どもたち全員の学習を保証するために授業ルールを決める…★

授業には、教師と子どもたちとのあいだにかわす約束事、すなわち授業ルールが必要である。それは、子どもたち全員が授業に主体的に参加する条件を整えるためである。

授業には、「勝手におしゃべりをしない」「どんな意見もしっかり聞く」など、子どもたち全員の学習を保証する授業ルールが必要である。この授業ルールを守れないと、授業に集中できなくなったり、まちがった意見を嘲笑したりして、授業が成立しなくなる。

すぐれた教材内容をしっかり研究したり、授業展開の過程が子どものわかる筋道にのっとっていたりしても、肝心の授業ルールが守られなければ授業は成立しなくなってしまうのである。

★…子どもたちと合意しながら少しずつ順々に授業ルールを決める…★

授業ルールを決めたから、すぐうまくいくかというと、そうではない。どう授業ルールを決めたかが大切なのである。最初から教師が授業ルールはこうだと頭ごなしに決めて、守らせようとしても授業への主体性は育たない。

授業は子どもたちと共につくる活動であり、子どもたちのための授業ルールである。したがって、子どもたちの意見や要望を聞きながらルールを決めていくようにする。そうすれば、子どもたちからルールを守ろうという意欲を引き出すことができる。

また、最初からなにもかも決めるのではなく、子どもたちの実態に合わせて一つひとつ順々に決めていくことも大切である。

子どもたち全員の学習を保証するために授業ルールを決める

☒ 授業ルールを決めていない

なかなか集中
しないな・・・
ワイ
ワイ
ザワ
ザワ

◎ 授業ルールを決めてある

勝手におしゃべりを
しない約束だったね

子どもたちと合意しながら少しずつ順々に授業ルールを決める

☒ 頭ごなしに決める

授業ルールは
次の○つです。
しっかり守りなさい
へぇ、こんなに
たくさんあるのか・・・
守れないよぉ

◎ 子どもたちと合意して決める

集中するのが遅くて授業が
なかなか進みません
そこで、合図が
あったらすばやく
集中するという授業
ルールをつくりたい
と思いますが、
どうですか？
賛成です！

4

授業ルールをどう定着させるか

1

授業ルールを毎時間教える

授業は2つのねらいをもって行う

授業はいつも2つのねらいをもって行うことが大切である。1つは、教科内容の真理・真実を教えることである。もう1つは、授業の受け方や学び方、つまり授業ルールを教えることである。

教師が教材研究と教授過程の研究をしっかりして、授業にのぞめばうまくいくと考えられがちであるが、そうではない。授業態度に関するルール、集中に関するルール、話し方に関するルール、聞き方に関するルール、学習ノートの書き方に関するルール、グループ学習に関するルールなど授業ルールを守って授業を受けなければ、学習内容は定着しない。

毎時間、授業ルールを教える

そこで、毎時間の授業で学習内容を教えることと同時に授業ルールも教えるようにする。授業ルールはたくさんあり、45分間の授業であれもこれも教えようとするのは、無理である。

教材内容と関連づけて、「この授業では声をそろえて音読するルールを教えよう」と1つにしぼって教えるとよい。たとえば、国語の最初の教材は詩が教科書に載っているので、声をそろえて音読する授業ルールを教えるのである。

授業ルールがどれだけ守れたか確かめる

毎時間、授業の終末に学習内容がどこまで理解できたかということと同時に、授業ルールがどれだけ守れたかを確かめるようにする。このようにすることによって、授業の受け方・学び方を一つひとつ教えていく。

授業は2つのねらいをもって行う

教科内容の真理・真実を教える
授業の受け方・学び方を教える
→ 授業の成立

毎時間、授業ルールを教える

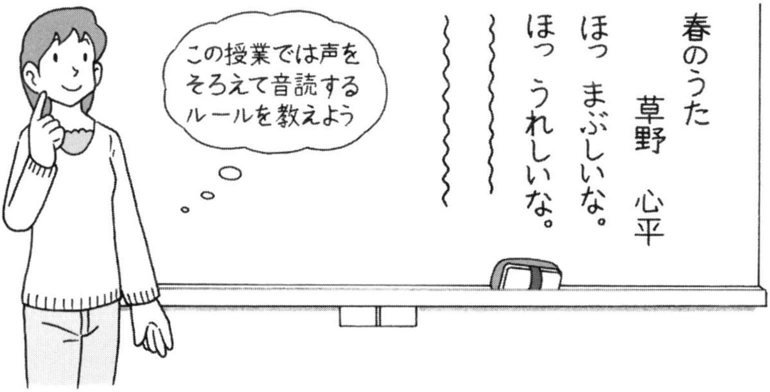
この授業では声を
そろえて音読する
ルールを教えよう
春のうた
草野 心平
ほっ まぶしいな。
ほっ うれしいな。

授業ルールがどれだけ守れたか確かめる

この授業では声をそろえて
音読することがめあてでした
最初は声が小さくて
そろっていませんでしたが
最後には大きな声で
そろって音読することが
できました

授業ルールを行動しやすいように示す

45分間の授業で1つの授業ルールを守らせる

授業ルールを教え、それを守らせようとしても、その授業ルールが行動しにくいものであってはうまくいかない。では、授業ルールを行動しやすいようにするには、どうしたらよいのだろうか。

1つ目は、45分間の授業で教えたり、守らせたりする授業ルールは1つにすることである。授業の導入時に、「この授業のルールは、発言するときに、『……です』『……だと思います』と最後までしっかり話すことです」と授業ルールを1つ示すようにする。

授業ルールを視覚化する

2つ目は、本時の授業で教えたり、守らせたりしたい授業ルールを視覚化することである。子どもたちは学習内容に集中して取り組んでいるうちに、授業ルールのことを忘れてしまうことが多い。

そんなときに、授業ルールを書いた「はりもの」や小黒板があると、授業中ずっと授業ルールを意識することができる。たとえば、「はりもの」や小黒板に「話し手の目を見て聞く」と授業ルールを書き、正面黒板のふちに掲示しておくのである。

授業の展開時に取りたてて指導する

3つ目は、授業の導入時に示した授業ルールを、授業の展開時に取りたててそのつど指導することである。たとえば、「合図があったら素早く集中する」という授業ルールならば、「今度は素早く集中できましたね」などと評価をしながら、授業ルールの指導を繰り返すのである。

45分間の授業で1つの授業ルールを守らせる

この授業のルールは発言するときに「・・・です」「・・・だと思います」と最後までしっかり話すことです
最後までしっかり話せばいいんだな

授業ルールを視覚化する

話し手の目を見て聞く

授業の展開時に取りたてて指導する

導入時
この授業ルールは合図があったら素早く集中することです
展開時
合図があっても集中するのが遅れた人がいました。残念です
展開時
今度は素早く集中できましたね。すばらしいです

3

守れるようになった授業ルールを掲示する

守れるようになった授業ルールを共有する

授業ルールは、教師と子どもたちが合意し、子どもたちが納得したものばかりである。したがって、子どもたちは力を合わせて一つひとつの授業ルールを守ろうとする。

守れるようになった授業ルールは、子どもたちの取り組みの成果として、みんなで共有しあうようにしたい。

「授業ルールの木」をつくる

そこで、子どもたちが守れるようになった授業ルールを掲示物にしてはり、ひと目見ただけで自分たちのがんばりがわかるようにする。

「授業ルールの木」は、次のようにしてつくる。あらかじめ白い模造紙に色画用紙で木の形をつくったものをはっておく。花びらの形に切った紙を用意しておき、守れるようになった授業ルールを書き込んで、花びらをどんどんはっていく。

この「授業ルールの木」の掲示物をつくる取り組みは、1年間を通して続け、花が満開になるようにする。ひと目見ただけで、どんな授業ルールが守れるようになったかがわかるので、子どもたちの自信につながる。

授業ルールの定着度を子どもたちが判断する

一つひとつの授業ルールが守れるようになったかどうかの評価は、最初は教師が行い手本を示す。そして、やがて子どもたちに「○○の授業ルールは守れるようになったかどうか」を提案し、子どもたちの賛成が得られれば、花びらに書いて「授業ルールの木」にはる。

「授業ルールの木」をつくる

授業ルールの木
4/20 チャイムの合図ですぐ席に着けるようになった
たくさんの授業ルールを守れるようになったわ

授業ルールの定着度を子どもたちが判断する

「合図があったら素早く集中する」というルールは守れるようになったので合格です
「指名されてから発言する」というルールは守れるようになりましたか？
全員が手をあげたので、このルールは合格です

5

授業びらきをどうするか

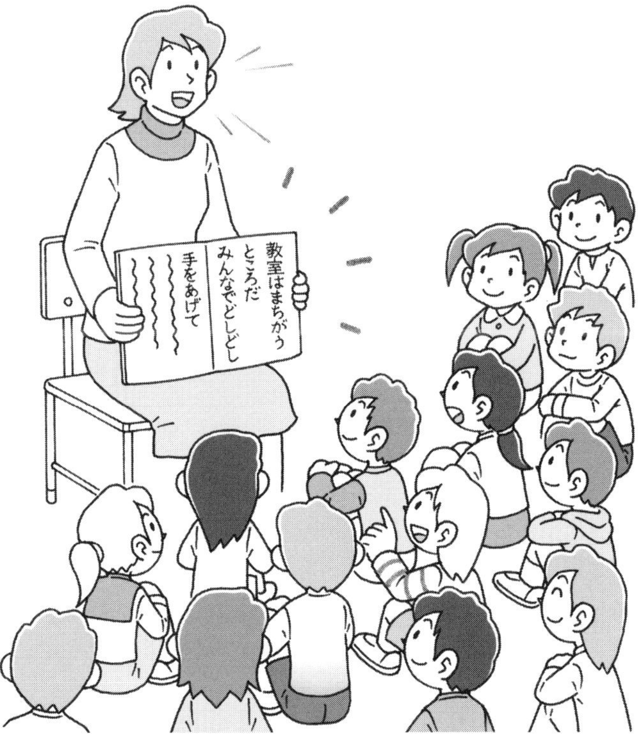
教室はまちがう
ところだ
みんなでどしどし
手をあげて

1

なぜ学ぶのかを語り、やる気を引き出す

子どもたちのやる気を引き出す

授業で最もむずかしいのは、子どもたちに学習意欲をもたせることである。学習したいという意欲をもっていない子どもに、いくら熱心に教えても、なかなか学習内容を理解してくれない。逆に、学習意欲にあふれている子どもは、ほんの少し説明するだけで身を乗り出し、自分から考え、どんどん先に進んでいく。

何かを学ぶのに最も大切なことは、やる気である。やる気を与えることができれば、学習意欲が生まれ、子どもたちは進んで知識を得ようとする。したがって、授業びらきでは子どもたちのやる気を引き出すようにする。

学習内容がどう役立つかを知らせる

では、どうしたらやる気を引き出すことができるのだろうか。それは、なぜ学ぶのかを熱く語ることである。

子どもたちは新しい学年に進級して、どんな学習が始まるのか楽しみにしている。このとき、各教科ではどんな学習内容を学ぶのか、そこで学んだことがどう役立つのかを子どもたちに語る。たとえば、「2年生の算数では、かけ算九九を勉強します。かけ算九九を覚えると、数を素早く数えることができます。3けたのたし算やひき算の勉強もします。百の位までの計算ができるようになると、買い物のときたいへん便利です。さらに、ものさしを使って長さを測る勉強もします。みんなの背の高さや教科書の長さなどいろいろなものの長さを調べることができます。がんばれば誰でもできるようになります」と熱く語るのである。

子どもたちのやる気を引き出す

学習内容がどう役立つかを知らせる

2

「教室はまちがうところだ」と呼びかける

★…「まちがうことは恥ずかしいことではない」と話す…★

授業びらきでは、「教室はまちがうところだ」「まちがうことは恥ずかしいことではない」という話をする。子どもたちは、授業では教師の発問に対して、まちがえずに正しい答えを言わなければいけないと思っている。また、まちがうことは恥ずかしいことだとも思っている。そのため、よほど答えに自信がないと発言しようとしない。

このような状況では、気軽に自分の考えを発表して学び合い、共に高めあう授業をつくり出すことはできない。

★………詩「教室はまちがうところだ」を読み聞かせる………★

そこで、絵本『教室はまちがうところだ』（蒔田晋治・作、子どもの未来社）を子どもたちに読み聞かせる。この絵本は「教室はまちがうところだ　みんなどしどし手をあげて　まちがった意見を言おうじゃないか　まちがった答えを言おうじゃないか」という書き出しで始まる。

この絵本を読み終わったら、教室はまちがうところ、まちがいながら答えを探していくところだとわかるはずである。

★…詩「教室はまちがうところだ」を学級全員で声に出して読む…★

さらに、この絵本の詩を拡大コピーして、よく見える場所に掲示しておくようにする。そして、1週間に一度は、学級全員で「教室はまちがうところだ　みんなどしどし手をあげて……」と大きな声で読み、「まちがうことは恥ずかしい」という孤立的な学習観から子どもたちを解放し、伸び伸びとした教室に育てていく。

「まちがうことは恥ずかしいことではない」と話す

詩「教室はまちがうところだ」を読み聞かせる

詩「教室はまちがうところだ」を学級全員で声に出して読む

3

授業ルールづくりで子どもの合意を得る

子どもたちが納得できる授業ルールをつくる

子どもたちが学習に集中し、落ち着いて学ぶことができるようにするためには授業ルールが必要である。授業びらきでは、授業ルールをつくることの必要性を子どもたちにわかりやすく話す。

授業ルールをつくるときには、子どもたちの実態をふまえ、どんな授業ルールが効果を上げ、主体性のある学習になるかを考えることが大切である。そして、その授業ルールは子どもたちの合意が得られ、納得できるものでなくてはならない。

子どもたちに定着させたい授業ルール

子どもたちに定着させたい授業ルールには、次のようなものがある。

- 授業態度に関するルール
- 集中に関するルール
- 話し方に関するルール
- 聞き方に関するルール
- ノートの書き方に関するルール
- グループ学習のしかたに関するルール
- 各教室に応じた使い方に関するルール
- 作業が終わったあとの待ち方に関するルール

授業ルールは場面に応じて一つひとつ教える

これらのたくさんの授業ルールを一度に教えようとしても、子どもたちは混乱してしまうだけである。そこで、場面に応じて具体的に一つひとつ導入し、教えるようにするとよい。また、一度教えただけでは子どもたちはすぐ忘れてしまうので、根気づよく繰り返し指導することも大切である。

子どもたちが納得できる授業ルールをつくる

たくさんの子どもが教室でいっしょに勉強するときにはルールが必要です
たとえば手をあげずに勝手にしゃべったらうるさくなります
そこで授業のルールを決めたいと思いますが、いいですか？
賛成です！

子どもたちに定着させたい授業ルール

授業態度に関するルール

集中に関するルール

話し方に関するルール

聞き方に関するルール

ノートの書き方に関するルール

グループ学習のしかたに関するルール

各教室に応じた使い方に関するルール

作業が終わったあとの待ち方に関するルール

授業ルールは場面に応じて一つひとつ教える

この時間の授業ルールはノートには日付、タイトルを書くということです
4/10　数のしくみ
4/10数のしくみ

どんな授業ルールが必要なのか

1

授業態度に関するルール

1

早く座席に着く

★… 授業の始まりが遅れると、授業への意気ごみがそがれる …★

授業ではなんといっても大切なのが、45分間の授業時間をきちんと確保することである。そのためには、授業の開始時刻を子どもたちにしっかりと守らせるようにしなければならない。

しかし、現実はそのようにはなっていない。子どもたちは休み時間になると、先を争って運動場へとび出して行き、授業始まりのチャイムが鳴ると、のんびりと教室に戻って来る。授業の始まりがいつも遅れてしまうと、早く席に着いている子どもたちも教師も授業への意気ごみがそがれてしまう。

★…………… 早く座席に着くことを学級全員に徹底する ……………★

そこで、授業始まりのチャイムが鳴ったら、素早く座席に着くことの大切さを子どもたちに話し、教師も子どもたちもこのルールを守っていくことで合意する。そして、ルールを破る子どもが出てきたときには、そのつどルールを守ることの大切さを繰り返し指導する。このルールは授業をするうえでの基礎・基本になるので、学級全員に徹底する。

★…………………… 早く座席に着けた班をほめる ……………………★

毎時間の授業の始めに「○班と○班は、全員席に着けました。りっぱです」と短くほめる。また、「○班は１人だけ間に合いませんでした。惜しかったね」と評価する。このように、班を単位に評価することを繰り返すと、班で声をかけ合ってだんだん素早く座席に着けるようになってくる。

授業の始まりが遅れると、授業への意気ごみがそがれる

早く座席に着くことを学級全員に徹底する

早く座席に着けた班をほめる

2

授業の準備をして待つ

学習用具を机上に出し、席に着いて待つ

授業の準備はとても大切である。教室で授業が行われるときには、学習用具を机上に出し、席に着いて待つことが基本的なルールである。授業が始まっても、教師が指示しないと学習用具を準備できないようではいけない。机上には、教科書、ノート、筆記用具を用意する。

この中でも筆記用具の指導は、とくに重要である。指導しないで放っておくと、たいへん短いえんぴつ、Hや2Hなどの濃さのうすいえんぴつ、シャープペンシル、においがする消しゴムなどを持ってくる子がでてくる。筆記用具は遊び道具ではないので、必要なものだけを準備させる。

子どもたちに準備させるものは、次のものである。

- えんぴつ5本（Bや2Bの濃さのもの）
- 赤えんぴつ1本
- 定規（15cmくらい）1本
- 黒色の油性ペン1本
- 消しゴム1個
- 下敷き1枚

えんぴつの本数が足りなかったり、削ってなかったりすることが多いので、しっかり指導する。

前時の学習内容の復習をして待つ

教師が教室に入るまでの時間の過ごし方のルールも、しっかり決めておくようにする。子どもたちが自分の席に着いていても、近くの子どもとおしゃべりをしていては、教室の中がさわがしくなってしまう。

そこで、待っている時間には前時に学習した内容の復習をさせる。学習ノートや教科書を見て、静かに待たせるのである。このようにすることによって、授業の始まりをスムーズに行うことができる。

学習用具を机上に出し、席に着いて待つ

前時の学習内容の復習をして待つ

☒ おしゃべりをしている

◎ 前時の学習内容の復習をする

3

授業の始まりと終わりはきちんと起立する

授業の始まりに集中をつくり出す

授業の始まりをどのようにするかということは、とても大切である。ざわざわしたままの状態で、なんとなく授業が始まると、子どもたちの中に授業を受ける姿勢、意気ごみをつくり出すことができない。

授業の始まりは短距離走のスタートに似ている。走者がスタートに集中し、合図とともに一斉に走り出すように、授業も始まりに集中し、一斉に授業の世界に入り込めるようにしたい。

授業の始まりはきちんと起立する

そこで、日直や学級委員長などに次のように号令をかけさせる。

日直「起立！」(学級全員が立ち上がる)

日直「姿勢を正してください」(よい姿勢をとる)

日直「これから○○の勉強を始めます。礼！」(教師と子どもたちがおじきをする)

日直「着席！」(学級全員が席にすわる)

席にすわったまま子どもたちに、よい姿勢をとらせて授業を始める方法もあるが、子どもたちは身体を動かすほうがけじめをつけやすい。

授業の終わりもきちんと起立する

授業の終わり方も大切である。次のように号令をかけて終わるとよい。

日直「起立！」(学級全員が立ち上がる)

日直「姿勢を正してください」(よい姿勢をとる)

日直「これで、○○の勉強を終わります。礼！」(おじきをする)

授業の始まりに集中をつくり出す

授業の始まりはきちんと起立する

授業の終わりもきちんと起立する

4

いすに深くすわり、背すじを伸ばす

正しいすわり方をする

授業を受けるときには、正しいすわり方をすることが大切である。子どもたちは入学したころは、きちんといすにすわっているが、やがて悪いすわり方が目立ってくるようになる。学年が進むにつれて、正しいすわり方をする子どもがどんどん減ってくる。高学年になると、学習ノートに目が近すぎる子、いすに浅くすわっている子、いすを後ろに傾けている子、机にひじをついている子など悪いすわり方が増えてくる。

正しいすわり方のポイントを教える

そこで、まず正しいすわり方の大切さを教える。悪いすわり方をしていると、目が悪くなったり、背骨が曲がったり、腰が痛くなったり、胃や腸の働きが悪くなったりすることを、子どもたちに事例を挙げながら具体的に説明する。

そして、次に正しいすわり方の絵を見せ、気をつけるポイントを押さえる。

●背すじを伸ばす　●腰を伸ばす　●いすに深くすわる　●足は両足の裏をつけ、肩はばくらいに開く　●おなかと机はにぎりこぶし1つあける

正しいすわり方の子どもをほめる

正しいすわり方は繰り返し指導しないと、なかなか定着しない。したがって、授業中に正しいすわり方をしている子どもを見つけて、「○○さんのすわり方、とてもいいね。背すじが伸びているね」「○○さんは、いすに深くすわれているね」などと、よいところを見つけてどんどんほめる。

正しいすわり方をする

学習ノートに
目が近すぎる

いすに浅くすわる

いすを後ろに
傾ける

机にひじをつく

正しいすわり方のポイントを教える

両足の裏を
つけ、肩はば
くらいに開く
おなかと机は
にぎりこぶし
1つあける
背すじを
伸ばす
腰を伸ばす
いすに深く
すわる

正しいすわり方の子どもをほめる

○○さんのすわり方、
とてもいいね。背すじが
伸びているね
わたしも気を
つけよう・・・
○○さんは
いすに深く
すわれているね

5

指名されてから発言する

指名されないのに勝手に答えない

授業では教師が発問をし、子どもたちがそれに答えるという場面がよくある。このとき、子どもたちにはどのようにして答えたらよいかを教えておくことが大切である。

教師の発問に対して、指名されないのに勝手に答えることを許してしまうと、発言が一部分の反応の早い子どもや発言力のある子どもの独壇場になってしまう。

だまって挙手する

そこで、できる限り多くの子どもが発言できるように、いろいろ工夫するようにする。

まずはじめに、発言するときには、だまって挙手することを教える。低学年では「ハイ、ハイ、…」と何回も連呼することがあるが、授業がうるさくなるのでよくない。

指名されたら「ハイ」と返事をして、素早く立つ

次に、教師に指名されたら「ハイ」と返事をして、素早く立つことを教える。指名されても、「ハイ」と返事できない子どもがたくさんいるので、そのつど繰り返し指導する。

また、発言するために起立することはできるのだけれど、のんびりと起立する子どもがいる。1人でも多くの子どもに発言させたり、授業の流れを停滞させたりしないためにも、素早く立つことを指導する。

指名されないのに勝手に答えない

☒

だまって挙手する

☒

◎

指名されたら「ハイ」と返事をして、素早く立つ

☒

◎

6

テストの正しい受け方をする

ペーパーテストを受けとるときのルールを教える

1つの単元の学習が終わると、その理解度を把握するためにペーパーテストを行う。このときにも、テストの受け方のルールがあることを教える。ふだんの授業では、声に出して問題を読んだり、友だち同士で教え合ったりしても、ペーパーテストのときには、ちがったルールがあることを教えるのである。

机と机の間を広くあける

まず、友だちのテスト用紙を見てはいけないことを教える。「友だちの答えを見るということは、答えをぬすむことです」と話す。そして、それを防ぐために子どもたちの机と机の間隔を前後左右に広くあけさせる。

最初に名前を書き、5つのルールを守る

テスト用紙を受け取ったら、すぐに自分の名前を書く。書き終わったらえんぴつを置き、両手をひざに置く。全員が両手をひざに置いたら、教師はテストの説明をする。

テストを受けるときには、次の5つのルールをしっかり守らせる。

- 友だちの答えを見ない
- 答えを声に出して言わない
- 質問があるときには、だまって挙手する
- テスト用紙の余白や裏面に絵やいたずら書きをしない
- テストを全部やれたら、もう一度見直しをする

机と机の間を広くあける

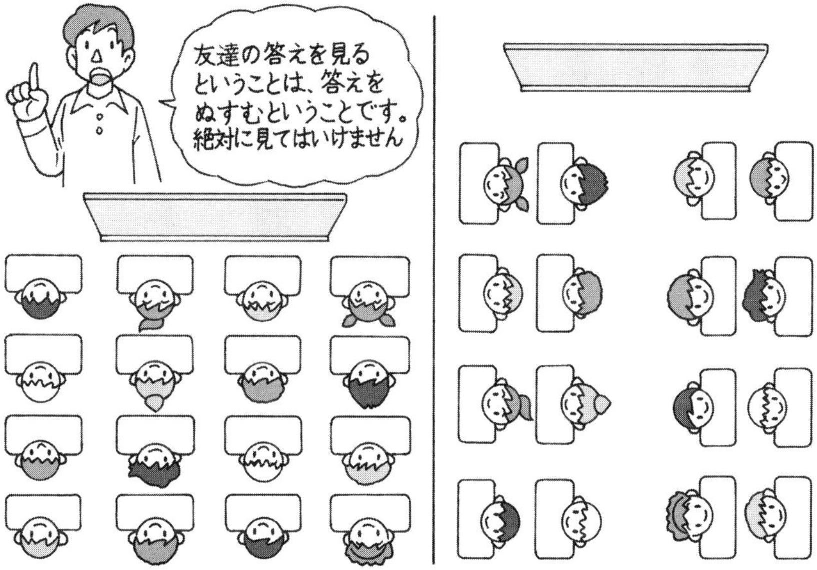
友達の答えを見る
ということは、答えを
ぬすむということです。
絶対に見てはいけません

最初に名前を書き、5つのルールを守る

テスト用紙に
氏名を書く

えんぴつを
置き両手を
ひざに置く

☒ 友だちの答えを見ない

☒ 答えを声に出して言わない

○○

☒ テスト用紙の余白や裏面に絵やいたずら書きをしない

◎ 質問があるときには、だまって挙手する

◎ テストを全部やれたら、もう一度見直しをする

もう一度
見直ししよう

2

集中のしかたに関するルール

1

合図があったら素早く集中する

集中させてから説明・発問・指示をする

教師が説明や発問や指示をしているのに、それを聞いていない子どもが多い授業がある。これは、子どもたちに話を聞くときの姿勢や態度が身についていないからである。授業ではどんなときにも、素早く集中させてから説明や発問や指示をすることが大切である。これをあいまいにしたまま授業を続けると、集中した状態がない授業、落ち着きのない授業になってしまう。

集中させたらすぐ評価する

教師は子どもたちを集中させるときには、「ハイ、こちらを見なさい」ときっぱりと言う。そして、「○班がいちばん早く集中できました」とどの学習グループが素早く教師の方へ顔を向けることができたかを評価する。また、集中するのが遅い学習グループに対しては、「○班のＡさんが集中していません」と注意し、学習リーダーには自分のグループのメンバーの状態に注意を向けさせるようにする。

集中の合図はだんだん簡単なものにする

子どもたちを集中させるための合図は、次のようにだんだん簡単なものにしていくことも大切である。

「ハイ、こちらを見なさい」➡「ハイ、こちら」➡「ハイ」（大きな声）➡「ハイ」（小さな声）

小さな声でも素早く集中できるようになると、授業展開のリズムがよくなり、中身の濃い授業をつくり出すことができる。

集中させてから説明・発問・指示をする

集中させたらすぐ評価する

集中の合図はだんだん簡単なものにする

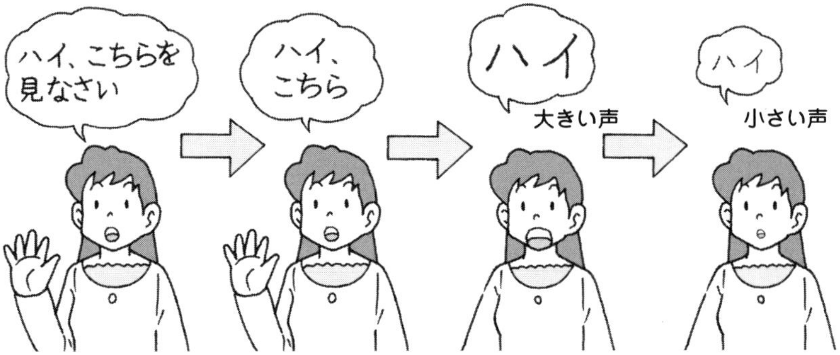

2 指示があるまで学習ノートを書かない

説明や発問や指示をしっかり聞く

まじめに授業を受けている子どもの中には、大事だと思ったことをすぐに学習ノートに書いたり、板書を学習ノートに写したりする子どもがいる。

このようなことをしていると、教師の説明や発問や指示を聞きのがしてしまう場面が出てくる。

そこで、「ノートに書きなさい」と指示があるまでは、学習ノートを書かないようにさせる。

何をする時間かがわかる言葉かけをする

教師が子どもたちに、今、何をする時間かがわかるような言葉かけをしてから説明したり、発問したりすると、学習ノートを書きながら話を聞くようなことはなくなる。

たとえば、「今から質問します。じっくり考えましょう」「今から説明します。しっかり聞きましょう」などと、子どもたちがどのように行動したらいいのか指示するのである。

学習ノートを書く時間を十分にとる

もう1つ大切なことがある。それは、学習ノートを書く時間を十分にとってやることである。じっくり考えたり、しっかり聞いたりするように指示しておきながら、学習ノートを書く時間が保証されていなければ、子どもたちはこのルールを守ろうとはしなくなる。

教師と子どもたちとの間で合意をしてつくった授業ルールは、教師も約束を守ることが大切である。

説明や発問や指示をしっかり聞く

「ノートに書きなさい」と言うまではしっかり話を聞くようにしましょう

何をする時間かがわかる言葉かけをする

今から質問します。じっくり考えましょう
考えるんだな
今から説明します。しっかり聞きましょう
話を聞くんだな

学習ノートを書く時間を十分にとる

時間はたっぷりあるな
板書をノートに写しましょう
自動車のできるまで
プレス→ようせつ→とそう→組み立て

3

教師の言葉をおうむ返しに言う

発言しても本を読んでも声が小さい

4月当初に授業びらきをし、本を読ませてみると、どの子もあまり声が出ないし、授業中に発言するときの声もたいへん小さい学級がある。新しい学級ができたばかりなので、友だちからどう思われるかが気になって、みんなの前で堂々と表現できないのである。

このような学級の場合には、放っておくと1年間同じような状態になってしまうので、早急にみんなで声を出す練習をして、みんなの前で発言したり、本を読んだりしても恥ずかしくないと思うようにしてしまうことが大切である。

文節で切っておうむ返しに言わせる

まず最初は､教師が言ったことをその通りにおうむ返しに言わせてみる。たとえば、次のようにする。

教師「専業農家は」　子どもたち「専業農家は」
教師「農業だけを」　子どもたち「農業だけを」
教師「している」　子どもたち「している」

このとき、「専業農家は農業だけをしている」と一気に言うのではなく、文節で切って読むようにすると、細かくおうむ返しで言える。

大きな声で声をそろえる

子どもたちにおうむ返しに言わせるときには、大きな声で声をそろえて言わせるようにする。そうすると、声を出すことへの抵抗感がなくなり、学級の中に声を出すことへの一体感が生まれる。

発言しても本を読んでも声が小さい

文節で切っておうむ返しに言わせる

大きな声で声をそろえる

4

教師の指示通りに板書を読む

板書の読ませ方を工夫する

授業中に板書した内容を子どもたちが一斉に声をそろえて読むということは、よく行われる。このとき、ただ単に声をそろえるだけでなく、読み方をもうひと工夫すると、一斉音読が楽しくなり、子どもたちは集中して板書を読むようになる。

板書を読むスピードに変化をつける

板書を読ませるときには、指示棒を使うとよい。たとえば、「かん電池の直列つなぎでは、電気の通り道は1つの輪になっている」と板書してあるときには、教師は指示棒で左から右へなでるように動かしていく。これに合わせて、子どもたちは一斉に声を出して読んでいく。

次に、指示棒を動かす速さを遅くし、ゆっくり、ねばっこく、なでるように左から右へ動かしていく。子どもたちは、ゆっくり読んでいく。

さらに、指示棒を速くサッと左から右へ動かしていく。これに合わせて、子どもたちは速く読む。このように指示棒の動かし方に変化をつけ、子どもたちを集中させて、一斉音読をさせていく。

文節ずつ、一文字ずつ板書を読む

板書の読み方を次のようにしても楽しくなる。指示棒を〈かん電池の〉で止め、〈直列つなぎでは〉で止める文節で切る読み方をさせてみる。

また、指示棒で〈かん電池の直列つなぎでは〉を、一文字ずつパチンと音をたてながら、さしていく。これに合わせて、子どもたちに〈か〉〈ん〉〈でん〉〈ち〉〈の〉……と短く切って読ませていく。

板書を読むスピードに変化をつける

ゆっくり読む

速く読む

文節ずつ、一文字ずつ板書を読む

文節で切って読む

一文字ずつ読む

5

教師が途中まで言い、子どもが続きを言う

教師が板書の途中まで読み、続きを子どもたちが読む

重要な語句や公式などを子どもたちにしっかり覚えさせたいときには、教師が板書の途中まで読み、子どもたちが続きを声に出して読むようにするとよい。

たとえば、「〈そら〉〈やま〉のような読み方を訓読みといいます」と板書されているものを読む場合、教師は、「〈そら〉〈やま〉のような読み方を⤴」と語尾を少し上げて読み、子どもたちは「訓読みといいます」と読むのである。

教師が板書の途中まで読み、続きを子どもたちに読ませることによって、重要な語句を意識させることができる。

教師の質問に一斉に声を出して答える

このやり方は板書を読むときばかりではなく、教師が質問を投げかけ、子どもたちが一斉に声を出して答える一斉問答につながる。

たとえば、授業のはじめに次のように一斉問答を行う。

教師「前の時間にやった算数の勉強は？」　子どもたち「かけ算九九」

教師「その中の？」　子どもたち「3のだん」

教師「三一が」　子どもたち「3」

教師「三二が」　子どもたち「6」（後略）

このように授業のはじめ数分間を使って、前時にやった学習でしっかり押さえておきたいことを一斉に声を出して答えさせる。全部の質問に答えられなくてもよい。答えがまちがっていても、声を出して言ってみることによって授業を受ける構えができてくる。

教師が板書の途中まで読み、続きを子どもたちが読む

教師の質問に一斉に声を出して答える

3

話し方に関するルール

1 身体を聞き手の方へ向けて話す

授業には3つの形態がある

大西忠治氏が『授業つくり上達法』（民衆社）で述べているように、授業には、次の3つの形態がある。

①教師の説明を中心とした授業　②教師と子ども、子ども相互における対話を中心とした授業　③グループでの話し合いと、それに並行したグループ間、あるいは個人間の討論を中心とした授業

この3つの形態が、教材内容に対応して組み合わされ、授業が行われている。

教師は発言する子どもとの間に聞き手を抱え込む位置に立つ

長い間、教師の説明を中心とした授業ばかりを受け続けている子どもたちは、子どもどうしの対話や話し合いをするときでも、身体を教師の方へ向けてしまう。これでは、対話や話し合いができない。

そこで、大西忠治氏が同書で述べているように、教師は発言する子どもとあまり接近しないようにし、発言する子どもとの間に多くの子どもを抱え込むような位置に立つ。このようにすると、発言者は多くの聞き手の子どもたちの方を向いて話すことになる。

教師は「四分六の構え」で話を聞く

発言する子どもの身体は聞き手の子どもたちの方へ向いているのに、目はいつも教師に向いていることがある。このようなときは、大西忠治氏が同書で述べているように、教師は発言する子どもへ身体を四分開き、他の子どもの方へ身体を六分開いて、話を聞くようにする。

授業には3つの形態がある

教師の説明を中心にした授業

教師と子ども、
子ども相互における
対話を中心とした授業

グループでの話し合いと
それに並行した
グループ間、個人間の
討論を中心とした授業

教師は発言する子どもとの間に聞き手を抱え込む位置に立つ

教師は「四分六の構え」で話を聞く

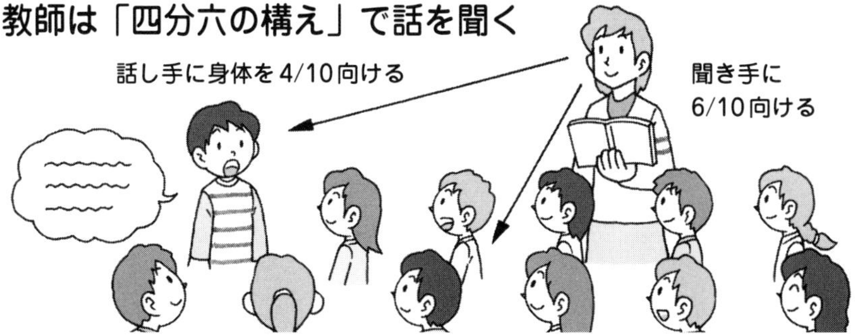
話し手に身体を4/10向ける
聞き手に
6/10向ける

2

聞き手の目を見て話す

聞き手の目を見て話す

話し手の子どもが聞き手の子どもたちに自分の話をしっかり聞いてもらおうとするならば、聞き手の子どもたちの目を見て話すことが大切である。真剣な話をするときには、必ずお互いに顔を見合い、相手の目を見ているからである。

したがって、話し手の子どもが自分の考えを聞き手の子どもたちに話すときには、身体を聞き手の方へ向け、目を見て話すようにさせる。

学級全員に話すときには、中央部分の聞き手と目を合わせる

ところで、教室にはたくさんの子どもたちがいる。話し手の子どもはどこに視線を合わせたらよいのだろうか。理想的には、学級全体を見渡しながら、しかも、一人ひとりの子どもと目を合わせることがいちばんよい。しかし、そのようなことは教師でもむずかしい。

そこで、たくさんの聞き手の中央部分の子どもたちとしっかり目を合わせて話をする。

グループでの話し合いでは、一人ひとりと目を合わせる

グループ学習で話し合いをするときには、聞き手がせいぜい2～3人なので、一人ひとりの子どもと順番に目を合わせながら話をする。

グループ内の1人の子どもばかりに視線を向けて話していると、視線が合わない子たちは話を集中して聞かなくなるので、気をつけるようにする。

視線を合わせようとしても、横を向いたり下を向いたりして視線が合わない子に対しては、「○○さん、こちらを見て話を聞いてね」と言う。

聞き手の目を見て話す

学級全員に話すときには、中央部分の聞き手と目を合わせる

グループでの話し合いでは、一人ひとりと目を合わせる

①
②
③
Cさん、こちらを見て話を聞いてください
C

場面に応じて声の大きさを変えて話す

聞き手の人数に応じて声の大きさを変える

子どもたちが話をする場面は、いつも学級全員に対してとは限らない。隣の座席の子と2人で話す場面もあれば、4〜6人くらいのグループで話す場面もある。

それらの場面に応じた声の大きさで話すことがなによりも大切になってくる。

動物キャラクターの「声のものさし」を掲示する

「大きい声」「中くらいの大きさの声」「小さい声」を使い分けなければいけないのであるが、この区別が子どもたちにはイメージしにくい。

そこで、子どもたちが声の大きさを視覚的にイメージできるように動物が登場する「声のものさし」の掲示物をつくる。小さい声のイメージキャラクターはねずみ、ふつうの声のイメージキャラクターはいぬ、大きい声のイメージキャラクターはライオンにする。

学級全員に話す場面で声が小さかった子には、「今の声の大きさはいぬだよ。ライオンの声で話してみよう」などと指導するのである。

声の大きさを音量で表す

また、声の大きさを「1」「2」「3」と音量で表す方法もある。隣の座席の子と話すときは「1」の大きさ、グループで話すときは「2」の大きさ、学級全員に話すときの大きさは「3」とルールをつくっておく。隣の座席の子と話すときに声が大きすぎる子には、「今の声はボリューム2の大きさだよ。1の大きさで話してみよう」と指導するのである。

聞き手の人数に応じて声の大きさを変える

小さい声　　　中くらいの声　　　大きい声

動物キャラクターの「声のものさし」を掲示する

今の声の大きさは
いぬだよ。ライオンの
声で話してみよう

声の大きさを音量で表す

今の声はボリューム2の
大きさだよ。1の大きさ
で話してみよう
1
2
3

文末まではっきり話す

学級全員に聞こえる声で話す

授業中に子どもたちが発言するときの声の大きさは、教室のすみずみまで届くことが基本である。せっかく発言しても、その声が学級全員に聞こえなかったら、学び合いをすることができない。

小さな声、弱々しい声では発言内容がよくわからないため教師が「○○さんは□□と言ったんだね」ともう一度、言い直さなければならなくなる。

こうしたことがないように、学級全員の前で発言するときには、大きな声を出すように指導する。

文末までしっかり話す

声は大きいのに、聞き取りにくい話し方がある。たとえば、「台風が近づくとどうなりますか？」という発問に対して、子どもが「雨の量が多くなり、風も強くなります」と答える。

このとき、文末の〈強くなります〉が尻下がりで弱々しいと、たいへん聞き取りにくい。子どもたちには文末までしっかり話すようにさせる。

「……です」「……だと思います」という話し方をする

子どもたちは発問に対して、「……です」「……だと思います」という形で答えることが少ない。たとえば、「昆虫には足が何本ありますか？」と発問すると、子どもたちは「6本」と答えるのである。こうしたときには、「6本です」と「です」をつけて答えるように指導する。

学級全員に聞こえる声で話す

文末までしっかり話す

台風が近づくと
どうなりますか？
雨の量が多くなり
風も強くなります

「……です」「……だと思います」という話し方をする

昆虫には足が
何本ありますか？
☒
6本
○
6本です

5 結論を先に述べて話す

話し合いによって学び合い、高め合う

子どもどうしが学び合う授業をつくるためには、話し合いがしっかりできるようにすることが大切である。話し合いは、意見の交換を通して友だちの考えから学び、共に高め合うことができるからである。

しかし、話し合いを行っているにもかかわらず、時間だけがどんどん過ぎてしまい、中身を深めることができない場合がある。それは、話し合いのしかたに問題があるからである。

まず結論を先に述べる

そこで、話し合いの中身を深めるために、自分の考えを発表するときには、次のように友だちにわかりやすい話し方をするようにする。

まず、結論を先に述べる話し方をする。

教師「豆電球2個の直列つなぎで、1個の豆電球をはずすと、もう一方の豆電球はどうなりますか？」

子ども「もう1つの豆電球は消えると思います。理由は……」

子ども「もう1つの豆電球は消えないと思います。理由は……」

つなげる言葉を言ってから自分の考えを言う

次に、友だちの考えを受けて、次のようにつなげる言葉を言ってから自分の考えを発表すると、話し合いが深められる。

子ども「○○さんの考えに賛成です。……」

子ども「○○さんの考えにつけ加えます。……」

子ども「○○さんの考えとはちょっとちがって、……」

話し合いによって学び合い、高め合う

そういう考えも
あるのか・・・

まず結論を先に述べる

豆電球2個の直列つなぎで
1個の豆電球をはずすと
もう一方の豆電球はどうなり
ますか？
もう1つの豆電球は
消えると思います。
理由は・・・
もう1つの豆電球は
消えないと思います。
理由は・・・

つなげる言葉を言ってから自分の考えを言う

○○さんの考えに
賛成です
○○さんの考えに
つけ加えます
○○さんの考え
とはちがって

6

友だちの考えにかかわらせて話す

友だちの考えから学び、共に高め合うようにする

授業の中で、子どもたちが活発に発言していても、その発言が友だちの意見とかかわることなく、教師とのやりとりだけに終始するようでは、子どもどうしの学び合いがうまくいっているとは言えない。

授業では、友だちの考えから学び、共に高め合うことが大切である。そのためには、友だちの考えをよく聞き、かかわらせながら自分の考えを発表する話し方が必要になってくる。

話し方のモデルを身につける

友だちの考えにかかわらせて話すには、いきなり自分の考えを言うのではなく、最初に友だちの考えに対する評価やかかわり方を述べるようにするとよい。具体的には、次のような話し方をする。

- 賛成　　「○○さんの考えに賛成です」
- つけ加え「○○さんの考えにつけ加えます」
- 質問　　「□□については、どう考えたのですか？」
- 確認　　「○○さんの考えは、□□ということですか？」
- 反対　　「○○さんの考えに反対です」
　　　　　「○○さんとはちがって、……です」
- 再考　　「□□という考えが変わりました」

このような話し方をするためには、友だちの考えをしっかり聞いて、その考えに自分は賛成なのか、反対なのか、それとも再考したのかなど、自分のかかわり方を示さなければならない。したがって、友だちの話をしっかり聞くことができるようになってくる。

友だちの考えから学び、共に高め合うようにする

☒

教師とのやりとりだけに
終始する

◻︎

○○さんの
考えに賛成です

友だちの考えをよく聞き、かかわらせて
自分の考えを発表する

話し方のモデルを身につける

賛成

○○さんの考えに
賛成です。

つけ加え

○○さんの考えに
つけ加えです。

質問

□□についてはどう考えたのですか？

確認

○○さんの考えは□□ということですか？

反対

○○さんの考えに
反対です
○○さんとは
ちがって～～
～～～～～です

再考

□□という考えが
変わりました

7

友だちに話を渡すように話す

自分と同じ考えの子どもに呼びかける

友だちの考えから学び、共に高め合う授業にするには、友だちの考えを受けとめ、かかわらせながら自分の考えを発表する話し方をすることが大切である。

子どもたちが活発にどんどん発言する学級の場合はよいのだが、そうでない場合は、次のように自分の話を次の人に渡すように話す。

子ども「漁協が山に植林するのは、枯れ葉が積もって栄養のある水が海に流れるからだと思います。私の考えと同じ人はいませんか？」

このような話し方をすれば、同じ考えの子どもが挙手して、続けて発言することができるようになる。

自分と考えのちがう子どもに呼びかける

また、同じ考えの子どもだけではなく、ちがう考えの子どもに対しても話を渡すような話し方をすることも大切である。

子ども「ごんぎつねが兵十にくりを届けたのは、兵十にあやまりたかったからだと思います。みなさん、わたしの考えについてどう思いますか？」

子ども「○○さんとはちがって、ごんぎつねは兵十と仲良くなりたかったからだと思います」

このように「わたしの考えについてどう思いますか？」という話し方をすれば、同じ考えの子どもも少し考えのちがう子どもも、続けて発言することができる。

自分と同じ考えの子どもに呼びかける

自分と考えのちがう子どもに呼びかける

4

聞き方に関するルール

1

手をひざに置き身体を教師の方へ向けて聞く

手をひざに置いたり、後ろで組んだりする

教師の話をしっかり聞かせたいときには、話を聞くことにすべてを集中させることが大切である。そこで、手をひざに置かせるようにする。低学年では、手を後ろで組ませてもよい。子どもたちは手に何か持ったり、触れたりすると、それをいじりたくなり集中できなくなるからである。最初はえんぴつに触れていただけでも、やがてえんぴつで落書きしたり、えんぴつを転がしたりして遊びだしてしまう。

身体を教師の方へ向ける

しっかり話を聞かせるには、身体の向きも重要である。子どもたちの身体が教師の方を向いていなかったら、やはり集中して話を聞くことはできない。教師と子どもたちとが真正面から向かい合うようにするには、向山洋一氏が『授業の腕をあげる法則』（明治図書）で述べているように、「先生の方におへそを向けなさい」と指示するのがよい。教師が、「先生の方を向きなさい」と指示しても、なかなか正対できないことが多いからである。

口を閉じる

教師の方へ身体を向けることができても、少しざわざわして集中できないときがある。そのときには、「静かにしなさい」と指示するのではなく、「自分の歯を見せないようにしなさい」と指示する。この言葉で子どもたちは、歯を見せないようにするために口を閉じるようになる。

手をひざに置いたり、後ろで組んだりする

身体を教師の方へ向ける

先生の方に
おへそを向けなさい

口を閉じる

☒

ザワ
ザワ
静かに
しなさい!

○

自分の歯を
見せないように
しなさい!

2

話し手の目を見て聞く

話し手の顔のどこを見るかが大切

話をしっかり聞かせたいときには、「話す人の顔をよく見て聞きなさい」と子どもたちに言うことが多い。しかし、この指示は漠然とした指示で、少しあいまいである。子どもたちは、話し手の顔を漠然と見ているだけで、みんな見ている場所がばらばらである。

目と目をしっかり合わせる

話し手の話をしっかり聞かせたいときは、やはり話し手の目を見て聞かせるのがいちばんよい。「アイコンタクト」という言葉があるように、相手の目を見ることによって、相手の意思が伝わってくるからである。

話し手の目から自分の目をそらせることなく、しっかり目と目を合わせて話を聞かせるようにする。

話し手と身体の向きを対面させる

その際に大切なことがある。それは、聞き手の身体の向きである。話し手が教師の場合は、正面黒板の前にいることが多いので、身体は前向きのままでよい。しかし、話し手が子どもたちの場合は、前向きのままではうまくいかないことが多い。

話し手が自分の側方にいたり自分より後方にいたりする場合は、上半身だけを少しひねって、身体の向きを少しかえ、顔は話し手と対面するようにする。

座席の間隔にゆとりがある場合は、素早くいすの向きを横や後ろにして、話し手と身体の向きが対面するようにするとよい。

目と目をしっかり合わせる

話し手と身体の向きを対面させる

3

話し手の話を最後まで聞く

勝手に話し始めると授業がストップする

教師が子どもたちに大切なことを説明している途中なのに、最後まで待てずに口をはさんでくる子どもがいる。たとえば、「モンシロチョウの成虫の体は、頭、胸、腹に分かれています。胸には6本の足があります。セミやアリも同じです。……」と教師が説明していると、「ハチやカブトムシも足が6本だよ」と1人の子どもが話し始めると、次々に子どもが勝手に話し始める。子どもたちは、授業に興味・関心をもち、授業に集中するあまりに、つい口をはさんでしまうのである。

しかし、話し手の話を最後まで聞くルールを守らせないと、授業が止まってしまうので、ルールを守らせることを徹底する。

口をはさむ子に人差し指で合図する

このような場合には、教師は口をはさもうとする子どもに対して、自分の口を閉じてそこに人差し指を立て、教師の話を最後まで聞くように合図を送る。これを見た子どもは、「話し手の話を最後まで聞く」という授業ルールを思い出し、口を閉じるようになる。

学級全員を集中させて話を聞かせる

授業に集中できなくて、教師の話を最後まで聞けない子どももいる。このような場合には、教師は話を途中でやめ、学級全員が集中するまで待つ。集中したところで、話を再開する。話し手が子どもの場合は、教師が「話すのをやめてください。話を聞いていない人がいます」と言って、学級全員を集中させる。集中したところで、「話を続けてください」と言う。

勝手に話し始めると授業がストップする

モンシロチョウの成虫の体は、頭、胸、腹に分かれています。胸には6本の足があります。セミやアリも同じです。
ハチやカブトムシも足が6本だよ
コオロギも6本だよ
バッタも6本だよ

口をはさむ子に人差し指で合図する

最後まで話しを聞く約束だったな・・・

学級全員を集中させて話を聞かせる

話を途中でやめる
キョロ
キョロ
話すのをやめてください
話を聞いていない人がいます

4 話し手を励まし、うなずきながら聞く

安心して話すことができる雰囲気をつくる

授業中に誰でも安心して話すことができる雰囲気を学級の中につくることは、とても大切である。

内気な子どもが勇気を出して発言し、その声が小さくて聞こえにくいときに、「聞こえません。大きな声で言ってください」と学級のメンバーから要求されると、萎縮してしまう。

また、発問に対する答えがちがっているとき、「ちがいます」と学級のメンバーから言われると、内気な子どもは萎縮してしまう。

「ファイト！」「惜しい！」などの励ましの言葉かけをする

そこで、誰でも安心して発言できるようにするために、次のようにする。声が小さかったり、話につまったりしたら「ファイト！」と励ましの言葉かけをする。

また、答えをまちがえたら、「惜しい！」と優しい言葉かけをする。

うなずきながら話を聞く

もう1つ大切なことがある。それは、学級のメンバーが話し手の話をうなずきながら真剣に聞くことである。

話し手の子どもが真剣に話しているのに、学級のメンバーが無反応だと、話し手の子どもは自分の話を聞いてもらえているのか不安になってくる。

学級のメンバーがうなずきながら真剣に話を聞いてくれれば、話し手の子どもは安心して話すことができる。

安心して話すことができる雰囲気をつくる

☒

☒

「ファイト！」「惜しい！」などの励ましの言葉かけをする

○

○

うなずきながら話を聞く

5 話を聞いて聞き返す

話をしっかり聞けるようにする

授業では、教師や友だちの話をしっかり聞けるようにすることがなによりも大切である。授業は、教師の説明、発問、指示によって展開され、それらをしっかり聞いていないと学習内容を理解できなくなってしまう。また、子どもたちどうしで意見を出し合う場面でも、しっかり聞いていないと、授業から落ちこぼれてしまう。

話を聞いたら、わからないことや詳しく聞きたいことを聞き返す

そこで、話をしっかり聞かせるための方法として、話を聞いたら聞き返すようにさせる。聞き返すというめあてがあれば、子どもたちは自然にしっかり話を聞こうとするようになる。

では、どんなことを聞き返すようにしたらよいだろうか。

いちばん取り組みやすいのは、わからなかったことやもう少し詳しく聞きたいことを聞き返すことである。たとえば、教師が「ザリガニは、体が大きくなると皮をぬぎます。これを脱皮といいます」と説明する。これに対して、子どもが「何回くらい脱皮するのですか？」と聞き返すのである。

話を聞いたら感想を述べる

さらに、話を聞いたら自分の感想を述べるようにさせる方法もある。たとえば、地球温暖化の学習でツバルという国の海面が上昇して、島が水没し始めている話を聞いたら、子どもが「自分には関係ないと思っていたけれど、二酸化炭素を出さないようにしないといけないことがわかりました」と感想を述べるのである。

話をしっかり聞けるようにする

話を聞いたら、わからないことや詳しく聞きたいことを聞き返す

話を聞いたら必ず聞き返しましょう
では説明します。ザリガニは体が大きくなると皮をぬぎます。これを脱皮といいます
何回くらい脱皮するのですか？
いつ脱皮するのですか？

話を聞いたら感想を述べる

ツバルという国は地球温暖化により海面が上昇して島が水没し始めています
二酸化炭素を出さないようにしないといけないことがわかりました
島が沈むくらい海面が上昇していることをはじめて知りました

5

学習ノートの
書き方に関するルール

1

日付、タイトルを書く

後日の学習に活かせる学習ノートにする

学習内容を学習ノートに記録し、後日の学習に活かすということはよく行われる。そのため学習ノートは読みやすく、わかりやすいものでなければならない。「いつ」「どのような」学習をしたかがすぐわかるようにしておくと、後日の学習のときにたいへん便利である。

最初に日付を書く

そこで、まず学習ノートに日付を書くようにさせる。子どもにとって学習ノートは、学習の足跡であり、学習史といえる。毎時間、日付を書いて、「いつ」「どのような」学習をしたかを、きちんと記録しておくようにする。「4月23日火曜日」とていねいに書いてもよいし、「4／23（火）」と書いてもよい。

学習内容がわかるタイトルをつける

もう1つ大切なことがある。それは学習内容のタイトルをつけることである。タイトルを見れば、すぐ学習内容を思い出せるようにしておくと、後日の学習のときにたいへん便利である。

「メダカのオスとメスの見分け方」「平行四辺形の面積の求め方」「防火服のひみつ」などとわかりやすいタイトルをつける。タイトルは本時の学習内容のまとめと関係づけて考えると、つけやすい。「メダカについて」「平行四辺形について」「防火服について」などというように焦点がぼけてしまうようなタイトルはつけないようにすることが大切である。

後日の学習に活かせる学習ノートにする

最初に日付を書く

学習内容がわかるタイトルをつける

2

見出しをつけて書く

見出しを目立つようにする

学習ノートには、学習内容を整理・保存する機能がある。整理・保存するのは、あとで学習ノートを開いて学習内容を振り返るためである。そのときに見出しがついていると、学習内容がひと目でわかり、たいへん便利である。

そこで、学習ノートを書くときには、見出しをつけるようにする。見出しは、よく目立つように文字を大きくしたり、色えんぴつで書いたり、見出しの文字を四角いわくで囲んだりするとよい。

最初は教師が見出しのつけ方を示す

子どもたちがいきなり見出しをつけるのは、けっこうむずかしい。最初は教師が見出しを板書し、それを子どもたちが学習ノートに視写することから始めるとよい。学習ノートの書き方を教え始めるころは、板書通りに見出しを書いているか、教師はしっかり机間指導する。

子どもが自分で見出しをつけられるようにする

見出しを書く習慣が身についてきたら、今度は子どもたちが自分で見出しをつけることができるように指導する。

見出しは最初につけるのではなく、ひとまず学習ノートに学習内容を書いてみる。そして、学習ノートを読み返してみて、印象に残った言葉や重要だと思った言葉を探す。その言葉を使って、短い見出しをつくるようにするとうまくいくことを教える。

見出しを目立つようにする

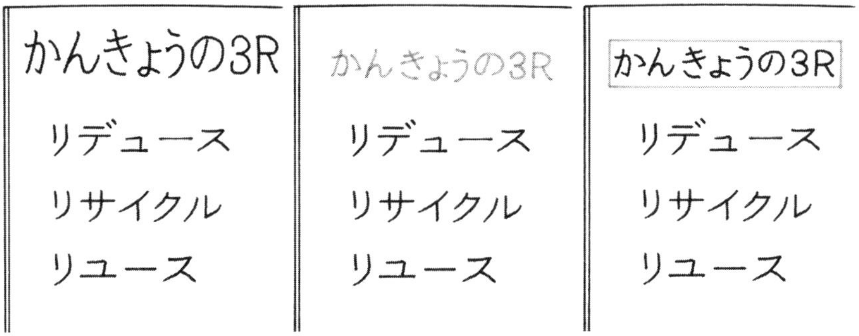
かんきょうの3R
リデュース
リサイクル
リユース
かんきょうの3R
リデュース
リサイクル
リユース
かんきょうの3R
リデュース
リサイクル
リユース

最初は教師が見出しのつけ方を示す

見出しは目立つように書きます
見出しを赤色で書きましょう
育てる漁業

子どもが自分で見出しをつけられるようにする

どれもとじこめた空気を利用しているな
「とじこめた空気の利用」という見出しにしよう
とじこめた空気の利用
自動車のエアバッグ、くつのそこ、新かん線の空気ばねはとじこめた空気を利用している

余白や行間を考えて書く

余白や行間を考えた学習ノートにする

学習ノートは、後で学習内容を振り返るために書く場合が多い。学習ノートの隅までぎっしりつめて書くと、大変読みづらいものになってしまう。適度の余白があり、行間がつまりすぎていないと読みやすい学習ノートになる。

学年始めに、余白や行間を考えて学習ノートを書くように繰り返し指導することが大切である。毎時間、学習ノートを持って来させてチェックすると読みやすい学習ノートになってくる。

計算練習では問題と問題の間を１マス空ける

算数の学習では､学習ノートに問題を視写して計算練習することが多い。マスや方眼になっている学習ノートを使って、位取りが自然と意識できるようにしているが、計算練習で問題と問題の間を1マス空けて書くようにしないと、大変見づらいものになってしまう。

イラスト、略図、吹き出しで余白をつくる

学級の中には、学習ノートにぎっしりとたくさん書く子どもがいる。学習ノートが文字でいっぱいうめつくされていると、大変読みづらい。そこで、文字のかわりに、イラスト、略図、吹き出しなどをかくように指導すると、学習ノートに適度な余白が生まれ、読みやすい学習ノートになる。

イラストや略図などを色えんぴつで色をつけるようにすると、学習ノートがカラフルになり、一層読みやすい学習ノートになる。

余白や行間を考えた学習ノートにする

✕

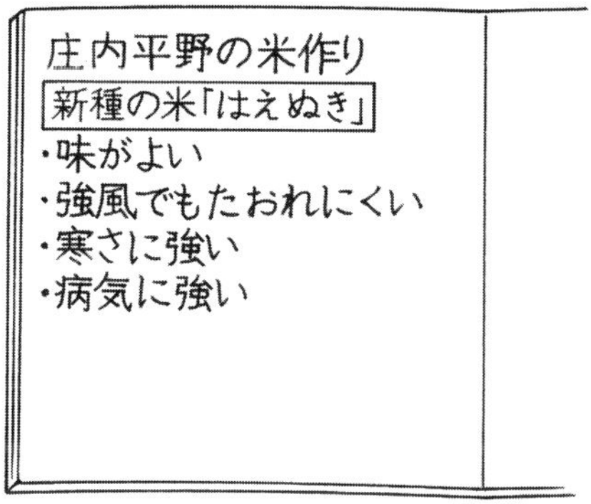

庄内平野の米作り
新種の米「はえぬき」
・味がよい
・強風でもたおれにくい
・寒さに強い
・病気に強い

○

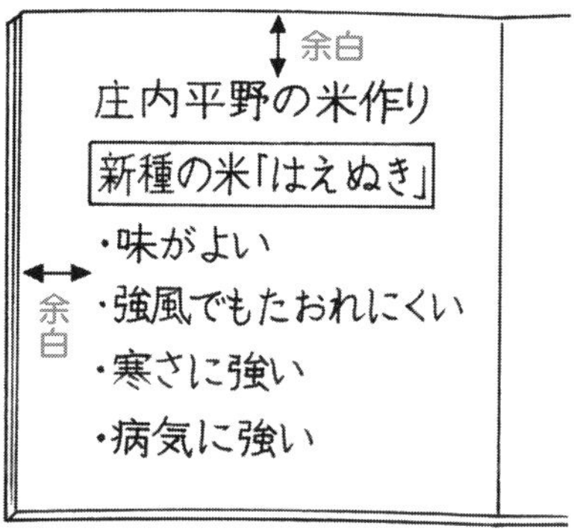

余白
庄内平野の米作り
新種の米「はえぬき」
余白
・味がよい
・強風でもたおれにくい
・寒さに強い
・病気に強い

計算練習では問題と問題の間を１マス空ける

✕

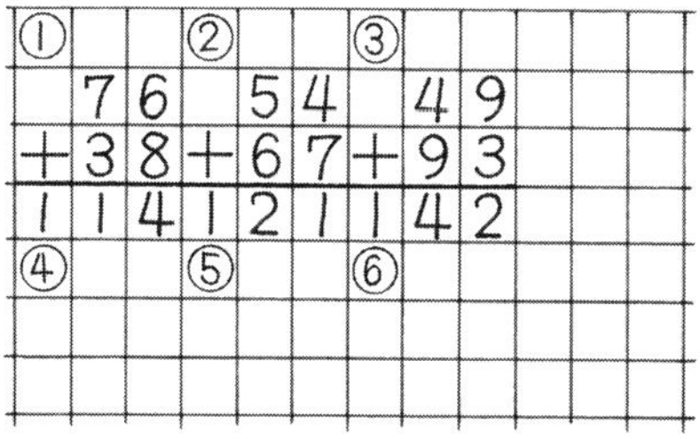

① ② ③
76 54 49
＋38 ＋67 ＋93
114 121 142
④ ⑤ ⑥

○

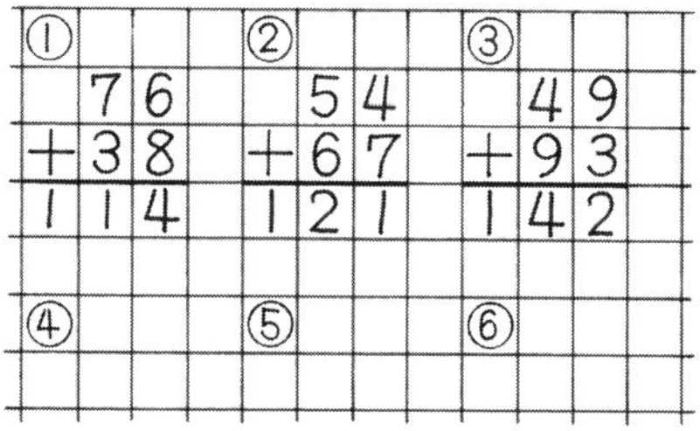

① ② ③
76 54 49
＋38 ＋67 ＋93
114 121 142
④ ⑤ ⑥

イラスト、略図、吹き出しで余白をつくる

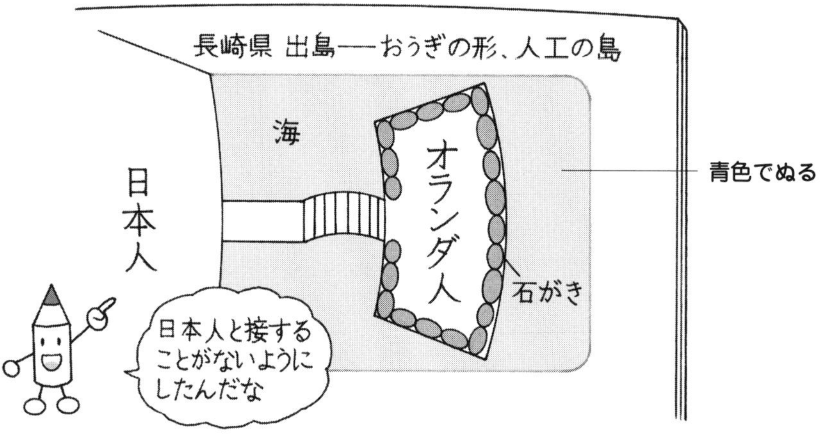

長崎県 出島――おうぎの形、人工の島
海
日本人
オランダ人
石がき
青色でぬる
日本人と接することがないようにしたんだな

4

記号を使って書く

記号を使って能率よく学習ノートを書く

学習ノートを時間をかけて書いていると、授業の進行に支障が出てくる。そこで、できるだけ短い時間と少ない労力で大切なことが処理できるように記号を使って書くようにする。

たとえば、「問題」はⓜ︎、「予想」はⓨ︎、「まとめ」はⓜ︎、「思ったこと」はⓞ︎、「考えたこと」はⓚ︎というように記号を使う。

また、「驚いたこと」には！や!! マークをつけて驚きの度合いを表現する。「わからないこと」には？マークをつける。

順序を表すものには番号をつける

順序を表すものには、①②③…と番号をつけるとよい。たとえば、①種をまく　②ふた葉がひらいた　③本葉がでてきた　④葉の数がふえた　⑤つぼみがでてきた　⑥花が咲いた　というように番号をつけると動的で植物の育ち方がよくわかる。

ことがらを区別するときには記号をつける

ことがらをきちんと区別するときには、ア、イ、ウ……などの記号をつけるとわかりやすくなる。たとえば、友だちの誕生日を祝う気持ちを伝えるのに手紙がよい理由を、ア．気持ちが形に残る。イ．何度も読み返せる。ウ．手紙のほうがていねいな感じがする。……というように箇条書きにして記号をつける。記号をつけることによって、内容がいくつに整理されたのか、よくわかるようになる。

記号を使って能率よく学習ノートを書く

- Ⓜも 問題
- ⓨよ 予想
- ⓜま まとめ
- Ⓞお 思ったこと
- ⓚか 考えたこと

- ！ ！！ 驚いたこと
- ？ わからないこと

順序を表すものには番号をつける

① 種をまく
② ふた葉がひらいた
③ 本葉ができた
④ 葉の数がふえた
⑤ つぼみができた
⑥ 花が咲いた

ことがらを区別するときには記号をつける

友だちのたん生日を祝う気持ちを伝えるのに、なぜ手紙がよいか？

ア、気持ちが形に残る。
イ、何度も読み返せる。
ウ、手紙のほうがていねいな感じがする。
エ、〜〜〜
オ、〜〜〜

自分の考えや感想を書く

自分の考えを書いて思考を深める

学習ノートには、思考を深める機能がある。課題や問題を追究するときには、学習ノートに書きながら考えたり、考えながら書いたりする。書くことによって、自分の考えを明確にしたり、修正したり、深めたりしていくことができるからである。

学習ノートにひと言感想を書く

しかし、学習ノートに自分の考えを書くことは、子どもたちにとってはかなりむずかしいことである。子どもたちは、学習ノートに板書を写したり、計算問題を解いたりすることには慣れているが、自分の考えを書くことには慣れていないからである。

自分の考えを書くことがむずかしい子どもには、まず授業の感想を書くことから始めるとよい。たとえば、社会科で平安時代の美人の条件として「おしろいをぬる顔の面積が広いこと」「髪が黒いこと」を学習したら、「今の美人の条件は顔が小さくて、茶髪なので正反対だと思った」などとひと言感想を書くようにする。

吹き出しに自分の考えを書く

次に、自分の考えも学習ノートに書かせるようにする。その際、吹き出しを使うとうまくいく。吹き出しは、まんがの登場人物のせりふをわくの中に書くことによって、心の動きを表現することができる。自分の考えを吹き出しの中に書くようにすると、抵抗感が減り、書きやすくなる。

自分の考えを書いて思考を深める

平行四辺形の
面積をどうやったら
求められるでしょうか？
三角形をずらすと
長方形になり
たて×横で面積が
求められるな

学習ノートにひと言感想を書く

今の美人の条件は
顔が小さくて、茶髪
なので正反対だな
感想
平安時代の美人の条件
①おしろいをぬる顔の
面積が広いこと
②髪が黒いこと

吹き出しに自分の考えを書く

大造じいさんが
晴れ晴れとした
気持ちになったのは
なぜですか？
ひきょうなやり
方をしなくて
よかったと
思ったから
だと思う

6

赤えんぴつを使って書く

赤色は使いすぎないようにする

学習ノートを書くときには、えんぴつを使って書くが、1ページ全部が黒で書かれていると、どこがポイントなのかがわかりにくい。そこで、重要な言葉やことがらについては、ほかの文字と区別するために赤えんぴつを使うようにする。

しかし、赤えんぴつを使いすぎると、落ち着きのない学習ノートになってしまう。また、何が重要なのかもわかりにくくなるので、赤えんぴつを使いすぎないように気をつける。

赤えんぴつを使って重要な言葉やことがらを目立たせる

赤えんぴつを使って重要な言葉やことがらを目立たせる方法が、いくつかある。1つ目は、重要な言葉やことがらを赤えんぴつで書く方法である。2つ目は、重要な言葉やことがらを赤えんぴつで囲む方法である。3つ目は、重要な言葉やことがらにアンダーラインを引く方法である。

これらの方法を組み合わせてもよい。たとえば、重要な言葉を赤えんぴつで書き、重要な内容を説明している文には赤えんぴつでアンダーラインを引くのである。

答え合わせは赤えんぴつで丸つけをする

赤えんぴつは、学習ノートに練習したことや解答に対して、評価するときにも使う。上手に練習できていれば花丸をつけたり、解答が正解ならば丸をつけたりする。漢字ドリルや計算ドリルの問題の答え合わせを自分でするときには、必ず赤えんぴつを使って丸つけをさせるようにする。

赤色は使いすぎないようにする

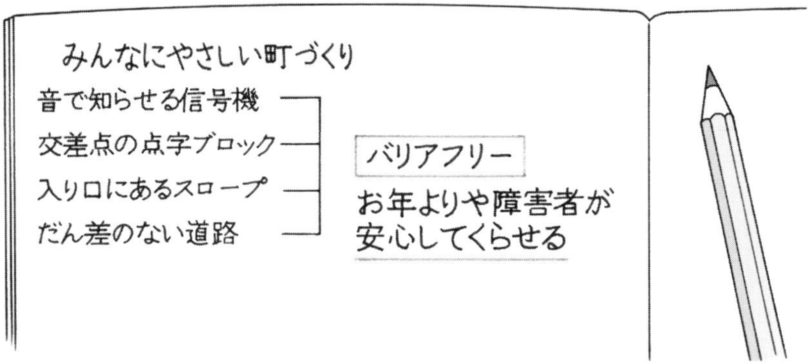
みんなにやさしい町づくり
音で知らせる信号機
交差点の点字ブロック
入り口にあるスロープ
だん差のない道路
バリアフリー
お年よりや障害者が
安心してくらせる

赤えんぴつを使って重要な言葉やことがらを目立たせる

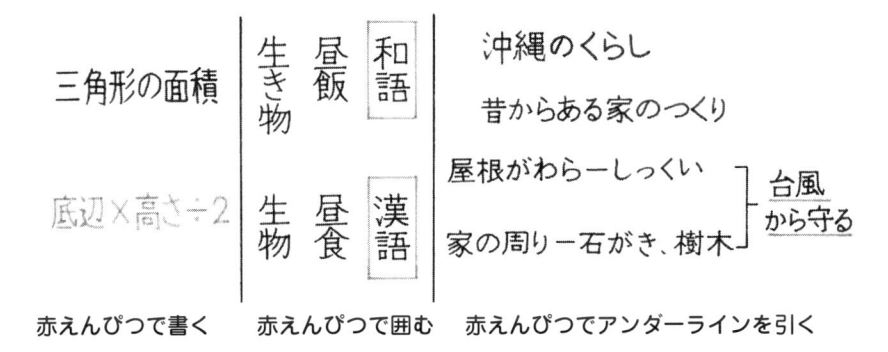

三角形の面積

底辺×高さ÷2

赤えんぴつで書く

和語
昼飯
生き物

漢語
昼食
生物

赤えんぴつで囲む

沖縄のくらし

昔からある家のつくり

屋根がわら－しっくい

家の周り－石がき、樹木

台風から守る

赤えんぴつでアンダーラインを引く

答え合わせは赤えんぴつで丸つけをする

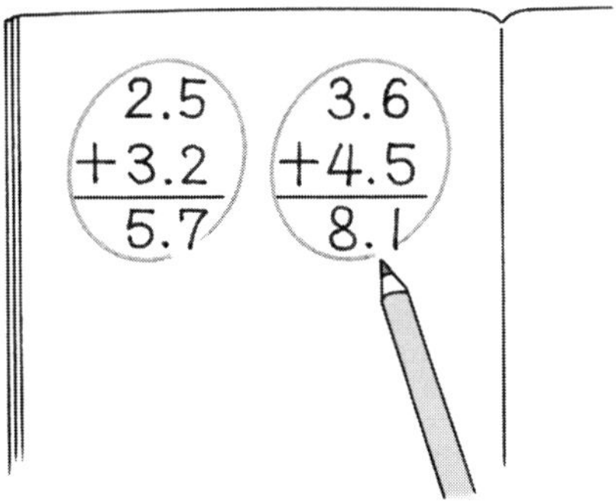
2.5
+3.2
5.7
3.6
+4.5
8.1

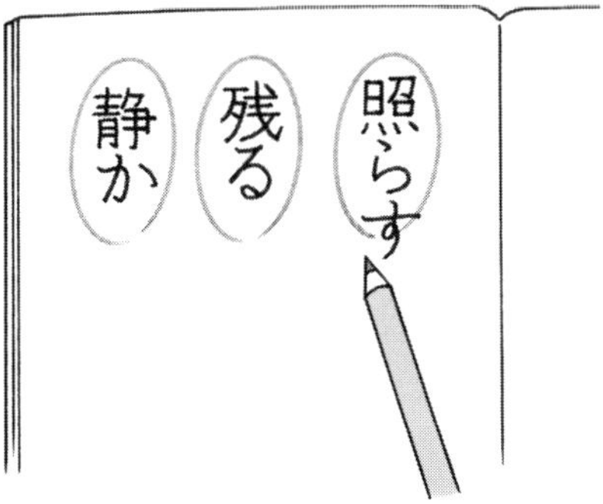
照らす
残る
静か

7

線を引くときは定規を使う

筆箱に定規を入れておき、すぐに使えるようにする

学習ノートの書き方を指導するときに、定規の使い方や使う場面を教えておくことが大切である。定規はものさしとちがって、直線を引くための道具である。正しい使い方をすると、学習するときにたいへん役に立つ。いつでもすぐに使えるように、筆箱の中にきちんと収まるくらいの長さの定規を用意させる。

直線の引き方を教える

定規を使って直線を引くときには、えんぴつを持っていない手の指を少し広げ、面取りしていない側を上にして、しっかりと定規を押さえる。そして、えんぴつの先を面取りしてない側に置き、少し前にかたむけ、左から右へ一方通行で動かす。

計算練習や四角い囲みわくづくりで定規を使う

定規は算数の学習では、よく使われる。とくに、筆算のたし算、ひき算、かけ算、わり算の計算をする場面では、必ず定規で直線を引かせるようにする。定規を使わずにフリーハンドで書く習慣を身につけてしまうと、直線が曲がったり、傾いてしまったりして、計算まちがいをしやすくなる。また、見た目もきれいではなく、見づらい学習ノートになる。

学習ノートに四角い囲みわくをつくるときも、定規はたいへん便利である。定規を使って直線を引き、四角い囲みわくをつくれば、スピーディーにきれいに仕上がる。

筆箱に定規を入れておき、すぐに使えるようにする

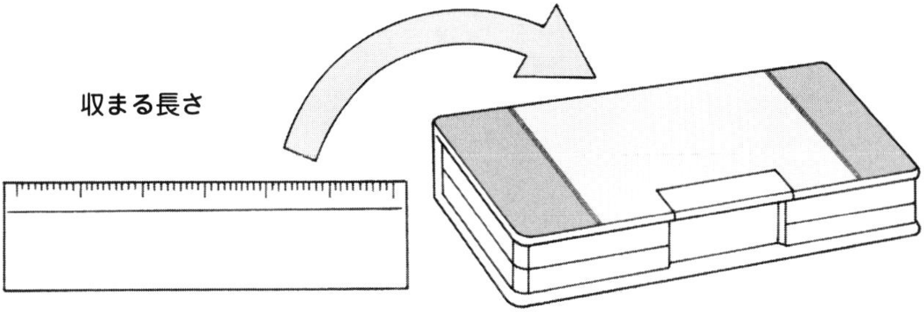
収まる長さ

直線の引き方を教える

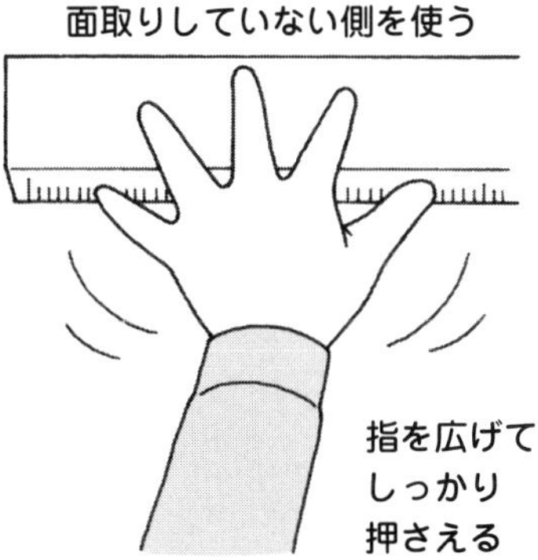
面取りしていない側を使う
指を広げて
しっかり
押さえる

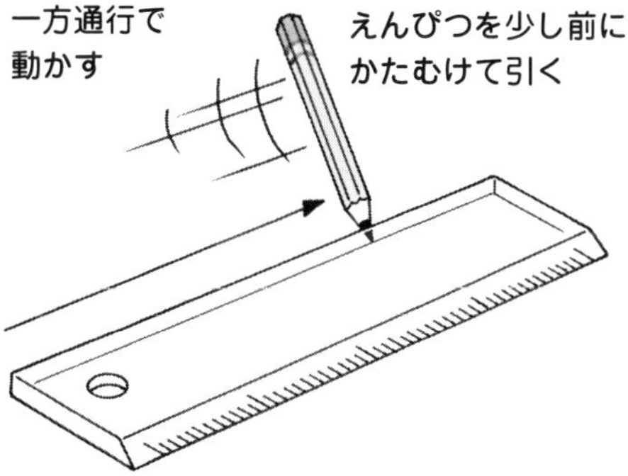
一方通行で
動かす
えんぴつを少し前に
かたむけて引く

計算練習や四角い囲みわくづくりで定規を使う

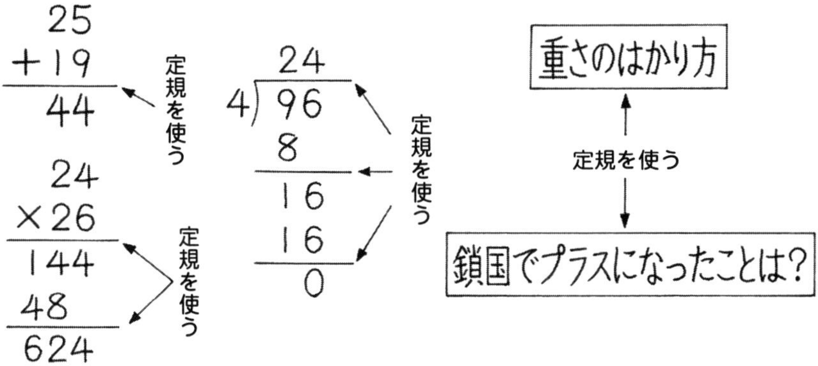
25
+19
44
定規を使う
24
×26
144
48
624
定規を使う
24
4)96
8
16
16
0
定規を使う
重さのはかり方
定規を使う
鎖国でプラスになったことは?

8

タイミングよく学習ノートを書く

授業内容によって学習ノートを書くタイミングがちがう

学習ノートをいつ書くかということは、とても大切なことである。授業内容によって学習ノートを書くタイミングがちがうからである。

子どもたちに活発な思考をさせたいときには、「まだノートに書かなくていいよ」「あとでノートを書く時間をとるからね」と指示し、学習ノートを書かせないようにする。

記録したり、作業したりするときには、「すぐノートに書きなさい」と指示し、学習ノートにどんどん書かせるようにする。

学習ノートを書くタイミングを指示する

子どもたちにとっては、どのタイミングで学習ノートを書いてよいかわからないことが多いので、教師が「ノートに書きなさい」「今はノートに書きません」などと、明確な指示を出すことが大切である。子どもたちの中には、学習ノートを書くことだけに集中して、思考したり話し合いに参加したりしない子どもがいるので、明確な指示を出すようにする。

学習ノートを書くことをやめる指示をする

学習ノートを書くことをやめる指示をすることも大切である。学習ノートを書くスピードが遅い子がいると、授業の流れに大きな影響が出てくる。授業の導入時や展開時に学習ノートを書く場面があるときには、学習ノートをまだ書いている子がいたら途中でも書く作業をやめさせ、学級全員を集中させるようにする。

授業内容によって学習ノートを書くタイミングがちがう

思考するとき

学習ノートに書かない

記録、作業するとき

学習ノートに書く

学習ノートを書くタイミングを指示する

学習ノートを書くことをやめる指示をする

6

グループ学習のしかたに関するルール

一斉学習からグループ学習へスムーズに移る

授業の節目で学習形態が変わる

どんな授業も、おおよそ導入➡展開➡終末という流れで展開される。そして、授業の展開に合わせて、授業の節目で一斉学習からグループ学習へ、グループ学習から一斉学習へ移行させることがよく行われている。

たとえば、理科の実験を伴う学習やグループでの話し合い活動を中心にすえた学習では、こうしたことがよく行われる。

学習リーダーが素早く第一声を発する

このように学習形態が変わるときには、その移行をスムーズにすることがとても大切である。教師が「○○についてグループで話し合いなさい」「○○の実験をグループでしなさい」と指示しても、ざわざわしてなかなか活動が始まらないときがよくある。

このようなときには、学習リーダーが先頭に立って、「今から○○について話し合います」「今から○○の実験を始めます」と素早く第一声を発するようにする。

グループ学習の座席を短時間でつくる

一斉学習からグループ学習へ移るため、グループの座席につくり直すときには、できる限り短時間でできるようにしておく。グループ学習の座席を決めておくと、スムーズにつくり直すことができる。その際、学習リーダーは学習の遅れがちな子、あまり発言しない子、集中しない子の近くに座るようにすると援助しやすい。

授業の節目で学習形態が変わる

一斉学習　　　　グループ学習

学習リーダーが素早く第一声を発する

☒

○

グループ学習の座席を短時間でつくる

グループ学習の座席を決めておく

2

学習グループは4人でつくる

グループ学習のよさとは

グループ学習のよさは、少人数なので自分の意見を述べやすく、一人ひとりの子どもの発言回数を増やすことができることである。

また、グループ学習には、友だちの多様な考えを知り、意見交換するねらいもある。したがって、グループの人数は4人程度が適当である。3人でグループをつくってもよいが、一斉学習からグループ学習へ座席をつくり直すときに4人のほうがスムーズにできる。

2人学習を経験させてから4人学習へ移る

グループの人数は4人が適当であるが、4人グループでも自分の意見を述べることができない子がいる。いつも聞き役にまわってしまうのである。そのような場合には、いきなり4人グループをつくるのではなく、隣の席の子どもと2人で話し合うことから始めるようにするとよい。

2人学習を十分に経験してから4人学習に移行すると、グループでの話し合いの中身が豊かなものになる。

生活班を学習班として使う

4人グループは学習するためのものであるから、学習内容に照らし合わせてそのつど構成メンバーを考えるとよいのだが、それでは複雑になってしまう。そこで、グループ学習の役割を生活班にもたせるようにする。

つまり、生活班を4人でつくり、学習班としても機能するようにするのである。したがって、生活班はグループ学習ができるような構成メンバーにすることが大切である。

グループ学習のよさとは

安心して発言できる

発言回数が増える

意見交換ができる

2人学習を経験させてから4人学習へ移る

わたしは
・・・と思う
ぼくは
・・・と思う
わたしは
・・・だと思う
ぼくは
・・・だと思う

生活班を学習班として使う

当番活動をする

係活動をする

グループ学習をする

3

学習リーダーが話し合いの司会をする

グループの全員が発言できるようにする

学習グループで話し合いをするときには、司会者がいないとスムーズに話し合いが行われない。そこで、生活班の班長が学習リーダーをつとめ、話し合いを進めるようにする。司会者の仕事でいちばん大切なことは、グループの全員が発言するように取り組むことである。

自分の考えをまとめる時間をとる

グループの全員に発言してもらうためには、まず自分の考えをつくる時間をとることが大切である。まだ自分の考えがまとまっていないのに、いきなり話し合いをしてもうまくいかない。

そこで、司会者は「今から自分の考えをつくってください。考えがまとまったら、手を上げてください」と言うようにする。

メンバーに発言させる順序を工夫する

次に、グループの全員に発言させることが大切である。これには順序がある。まずメンバーを先に発言させて、司会者はいちばん最後に発言するのである。それは、司会者と他のメンバーの考えが同じだったとき、先に司会者が発言してしまったら、メンバーは「わたしも同じです」としか発言できなくなってしまうからである。

グループのメンバーが自分の考えがまとまらず発言できないときには、司会者は、真っ先に自分の考えを言ってみる。そして、その考えについてどう思うかをメンバーにたずねて、メンバーの発言を引き出すようにする。

グループの全員が発言できるようにする

グループ全員に
発言してもらう
ようにしよう
学習リーダー

自分の考えをまとめる時間をとる

☒
自分の考えを
発表してください
◯
今から自分の考えを
つくってください
考えがまとまったら
手をあげてください
自分の考えを
発表してください

メンバーに発言させる順序を工夫する

メンバーの
考えが
まとまったとき

まずAさんから
発表してください
次にBさんどうぞ
最後にCさん
どうぞ
A
B
C

A→B→C→学習リーダー
の順に発言する

メンバーの
考えがまと
まらないとき

ぼくは○○だと思いますが
Aさんどうですか？
次にBさんどうですか？
最後にCさん
どうですか？

学習リーダー→A→B→C
の順に発言する

4

学習グループで意見交換をする

★… 自分の考えを学習ノートに書いてから話し合いを始める …★

グループでの話し合いは、子どもたちの多様な考えを交換させることによって学習内容をより深く理解させるために行うものである。

したがって、グループの全員が発言できるようにまず学習ノートに自分の考えを書かせるようにする。そして、全員が学習ノートに自分の考えを書いたのを確かめてから、話し合いを始める。

★…… 学習グループとしての考えをまとめるように促す ……★

グループでの話し合いは、多様な考えを交換するためのものであるが、各自が自分の考えを言うだけで終わってしまったら、学習内容の深まりはない。話し合いの課題について、とことんまで話し合うことが大切である。

そこで、教師は「○○について、グループとしての考えをまとめなさい」と指示する。そうすると、子どもたちは課題解決に向けて考えようとする。とことん話し合った末に、考えが1つにまとまらなかった場合には、無理に考えを1つにまとめないようにする。

★………………… 学習リーダーは時間要求をする …………………★

課題解決に向けて真剣にグループで話し合いをしているときに、話し合いの時間が終了し、話し合いが不十分のまま終わってしまうことがよくある。このようなときには、学習リーダーは教師に対して、「話し合う時間をもう少しください」と要求するように指導しておくことが大切である。

自分の考えを学習ノートに書いてから話し合いを始める

学習グループとしての考えをまとめるように促す

学習リーダーは時間要求をする

5

学習グループで教え合いをする

授業中につまずいたら教え合う

学習グループでは話し合いだけでなく、教え合いも行うようにする。授業の展開の途中で、つまずく子どもが出てきた場合には、グループで教え合いをする。学習リーダーは、「Aさんがこの問題のやり方がわからないので、Bさんが教えてください」と学習内容をよく理解できた子どもに教える仕事を依頼する。

また、学習リーダー自身がつまずいたときには、「ぼくはこの問題のやり方がわかりません。Cさん教えてください」と依頼するようにする。

ドリル学習で教え合う

学習グループでの教え合いは、ドリル学習するときにも行う。漢字や計算の練習、リコーダー・けん盤ハーモニカ・なわとび・鉄棒・一輪車などの技能的なものの練習などで行うとよい。

これらは、休み時間や放課後に学習グループが自主的にドリル学習を組織して、グループ全員の力をつけようとするものである。自分1人ではがんばれなくても、友だちの励ましがあれば、がんばれるものである。

テストプリントのまちがい直しで教え合う

学習グループでの教え合いは、テストプリントのまちがい直しをするときにも行う。学習グループの中でペアをつくり、わかっている子が問題の解き方をていねいに教える。答えだけを教えるようなことはしないようにする。こうした教え合いは、相手に教えながら、自分もよくわかるようになるというよさがある。

授業中につまずいたら教え合う

Aさんがこの問題の
やり方がわからないので
Bさんが教えてください

ぼくはこの問題の
やり方がわかりません。
Cさん教えてください

ドリル学習で教え合う

漢字、計算

リコーダー

けん盤ハーモニカ

なわとび

鉄棒

一輪車

テストプリントのまちがい直しで教え合う

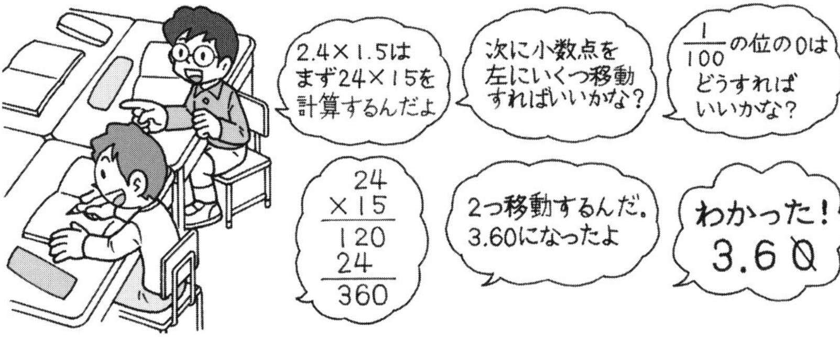
2.4×1.5は
まず24×15を
計算するんだよ
次に小数点を
左にいくつ移動
すればいいかな？
1/100の位の0は
どうすれば
いいかな？
24
×15
120
24
360
2つ移動するんだ。
3.60になったよ
わかった！
3.60

加藤　辰雄（かとう　たつお）

1951年　愛知県に生まれる

1974年　三重大学教育学部卒業

現　在　名古屋市立明治小学校教諭

現住所　〒456-0053　名古屋市熱田区一番二丁目28番8号

著　書

『班長を育てる指導』（1983年）

『新しい学級行事12カ月』（1987年）

『学習集団の指導技術』（共著、1991年）

『「ごんぎつね」の読み方指導』（共著、1991年）

『「大造じいさんとがん」の読み方指導』（以上明治図書、共著、1993年）

『生きいき話し合い活動』（1994年）

『わくわく係活動』（1994年）

『学級づくりの七つ道具』（1996年）

『たのしい全校集会のシナリオ 1』（1997年）

『たのしい全校集会のシナリオ 2』（以上あゆみ出版、1997年）

『科学的な「読み」の授業入門　文学作品編』（東洋館出版社、共著、2000年）

『小学校5年生の大研究』（子どもの未来社、共著、2001年）

『国語授業の改革①　新学習指導要領　国語科新教材の徹底分析』（共著、2001年）

『国語授業の改革②　新学習指導要領　国語科新教材のポイント発問』（共著、2002年）

『国語授業の改革③　この教材で基礎・基本としての言語スキルを身につける』（共著、2003年）

『国語授業の改革④　国語科の教科内容をデザインする』（共著、2004年）

『国語授業の改革⑤　国語科小学校・中学校新教材の徹底研究と授業づくり』（共著、2005年）

『国語授業の改革⑥　確かな国語力を身につけさせるための授業づくり』（共著、2006年）

『国語授業の改革⑦　教材研究を国語の授業づくりにどう生かすか』（共著、2007年）

『国語授業の改革⑨　新学習指導要領をみすえた新しい国語授業の提案』（共著、2009年）

『国語授業の改革⑩　国語科教科内容の系統性はなぜ100年間解明できなかったのか』（以上学文社、共著、2010年）

『国語の本質がわかる授業②　ことばと作文』（共著、2008年）

『国語の本質がわかる授業④　文学作品の読み方1』（以上日本標準、共著、2008年）

『子どももクラスも元気になる　小学校　係活動マニュアル』（2003年）

『すぐできる　朝の会・帰りの会』（以上ひまわり社、2005年）

『総合学習対応版　もらってうれしい賞状＆アイデアカード』（共著、2001年）

『学校を飾ろうよ　空間・壁面構成と立体工作のアイデア』（共著、2001年）

『教室を飾ろうよ　空間・壁面構成のアイデア　春・夏』（2001年）

『教室を飾ろうよ　空間・壁面構成のアイデア　秋・冬』（2001年）

『新版「1年生を迎える会」「6年生を送る会」を創ろうよ』（2002年）

『誰でも成功する学級づくりのキーポイント　小学校』（2003年）

『楽しい全校集会を創ろうよ　シナリオ版』（2004年）

『誰でも成功する子ども集団の動かし方』（2004年）

『誰でも成功する小学1年生の指導』（2005年）

『誰でも成功する小学3年生の指導』（2006年）

『かわいい！すぐ使える小学校のイラスト』（監修、2006年）

『誰でも成功する小学2年生の指導』（2007年）

『誰でも成功する小学5年生の指導』（2007年）

『誰でも成功する板書のしかた・ノート指導』（2007年）

『誰でも成功する小学6年生の指導』（2008年）

『誰でも成功する発問のしかた』（2008年）

『誰でも成功する授業での説明・指示のしかた』（2009年）

『誰でも成功する小学4年生の指導』（2009年）

『誰でも成功するはじめての学級担任』（以上学陽書房、2011年）

誰でも成功する授業ルールの指導

2010年3月19日初版発行
2011年3月16日4刷発行

著　者　加《か》藤《とう》辰《たつ》雄《お》
装画・本文イラスト　鈴木ほたる
カバー・本文デザイン　佐藤　博

発行者　佐久間重嘉
発行所　学陽書房

〒102-0072　東京都千代田区飯田橋1-9-3
営業部　TEL03(3261)1111　FAX03(5211)3300
編集部　TEL03(3261)1112　FAX03(5211)3301
振替口座　00170-4-84240

DTP／越海編集デザイン　印刷／文唱堂印刷　製本／東京美術紙工
※乱丁・落丁本は、送料小社負担にてお取替え致します。

ISBN978-4-313-65180-7 C0037

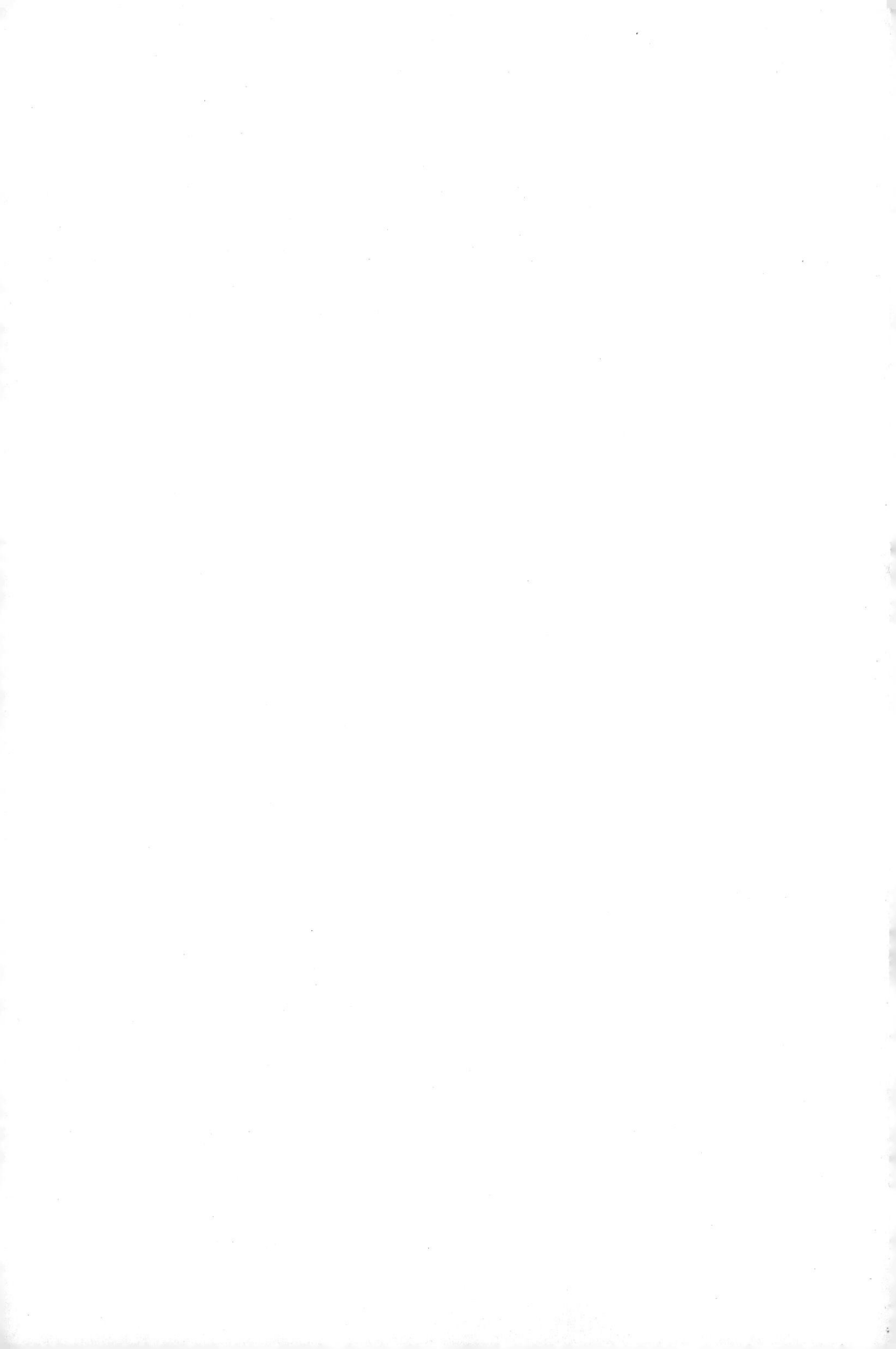